교과서엔 없는 20가지 동물 이야기

루돌프는 왜 딸기코가 됐을까?

교과서엔 없는 20가지 동물 이야기

© 글 우리누리 그림 허현경, 2011

1판 1쇄 발행 2011년 10월 1일 | 1판 2쇄 발행 2013년 7월 10일

글 강현녀 | 그림 허현경

펴낸이 권병일 권준구 | 펴낸곳 (주)지학사

편집 모은영 오수연 김연정 | 디자인 이혜리 | 제작 권용의 김현정 이진형 | 마케팅 손정빈 송성만

등록 2010년 1월 29일(제313-2010-24호) | 주소 서울시 마포구 동교동 180-20

전화 02.330.5297 | 팩스 02.3141.4488 | 홈페이지 www.jihak.co.kr/arb/book

ISBN 978-89-94700-18-2 74800

잘못된 책은 구입하신 곳에서 바꿔 드립니다.

은 (주)지학사가 만든 단행본 출판 이름입니다.

지식 동화 2

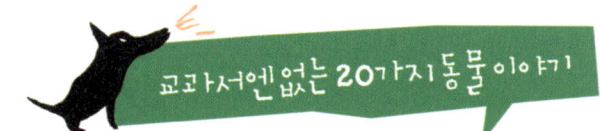
교과서엔 없는 20가지 동물 이야기

루돌프는 왜 딸기코가 됐을까?

글 강현녀 그림 허현경

아르볼

차례

보호색	노란 비옷을 입으라고요?	06
먹이 연쇄	늑대가 사라진 언덕	12
짝짓기	수컷 긴장박쥐 치치	18
겨울잠	겨울잠을 자지 않는 곰	24
진화	기린의 목은 왜 길까요?	30

퇴화	할머니 안경은 돋보기 안경	36
사회성	어울려 살아요	42
공생 관계	함께 또 같이	48
의사소통	우리만의 비밀	54
체온	왜 개는 혀를 쑥 빼고 있을까?	60

극지방에 사는 동물	어떻게 추위를 견디지?	66
사막에 사는 동물	네가 여우니?	72
멸종 위기의 동물	동물들을 보호해요	78
도구를 사용하는 동물	영리한 침팬지	84
야행성 동물	낮이 더 무서워	90

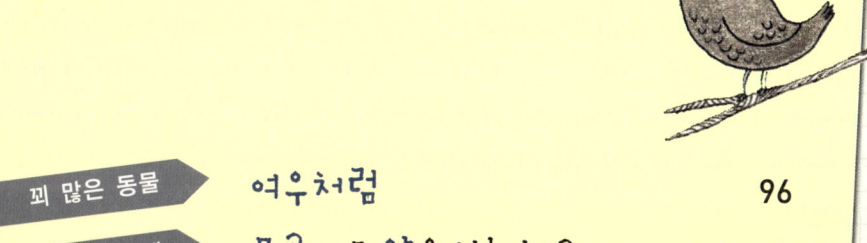

꾀 많은 동물	여우처럼	96
독특한 생김새	뭐? 너도 알을 낳는다고?	102
새끼 돌보기	아빠는 캥거루	108
집 짓기	뛰어난 건축가들	114
세계 최고의 동물	최고 동물은 누구? 동물 퀴즈	120

보호색

노란 비옷을 입으라고요?

쏴! 쏴!

요란한 빗소리에 민우는 눈을 떴어요. 세상이 온통 어두컴컴해요. 아침인데도 꼭 저녁 같아요.

아빠는 환한 아침 햇살이 없어서 아직도 한밤중인 줄 아시나 봐요. 이불 속에서 나오시지 않은 걸 보면요.

"비가 많이 오니까 비옷을 입고 가렴."

엄마가 노란 비옷과 노란 우산을 꺼내셨어요.

"으악! 전 어린애가 아니에요. 전부 노란색이라니 너무 유치해요!"

민우가 화들짝 놀라며 투덜댔어요.

"비가 많이 오고 어두운 날은 앞이 잘 안 보이잖아. 노란 옷을 입어야 눈에 잘 띄어서 건널목을 건널 때 안전하지. 다 널 보호하기 위한 거야."

"노란색이 절 보호한다고요? 엄마는 뭐 제가 보호색에 싸인 초식 동물이라도 되는 줄 아세요?"

민우는 엄마 말에 동의할 수가 없었어요.

"보호색이라고? 글쎄……."

엄마가 말꼬리를 흐렸어요. 주무시는 줄 알았던 아빠가 방문을 열고 나오셨어요. 동물에 대한 거라면 누구보다 자신 있는 아빠가 이런 이야기를 그냥 지나칠 수는 없지요.

"노란 비옷을 동물에 비유하자면 보호색이라기보다 경계색이라고 해야겠구나."

"경계색이요?"

"응. 보호색은 몸의 색을 주변과 비슷하게 만들어서 적들의 눈을 피

하는 거잖니? 경계색은 그 반대야. 화려한 색으로 일부러 적의 눈에 띄는 거야. 그러면 적들은 독이나
위험한 게 있지 않을까 해서 오히려 피하게 된단다."
아빠의 말에 민우가 얼른 나섰어요.
"얼룩말의 눈에 띄는 얼룩 무늬는 경계색이겠네요?"
아빠가 그럴 줄 알았다는 듯 환하게 웃으며 말했어요.
"얼룩말의 얼룩 무늬는 조금 두드러지긴 하지만 보호색이란다."
"어떻게 그럴 수 있죠?"
민우는 이해가 가지 않는 모양이에요.
"얼룩말의 또렷한 얼룩 무늬는 육식 동물의 눈을 혼란스럽게 하지. 보통 육식 동물들은 사냥할 때에 한 마리를 정해 놓고 집중적으로 공격하는데, 얼룩말 여러 마리가 한꺼번에 달리면 무늬가 어지럽게 움직여서 육식 동물들이 당황한 나머지 쫓던 녀석을 놓치게 되지."
"아하, 저도 얼룩 무늬 비옷으로 주세요."

민우가 재미있다는 표정을 짓습니다.
"운전자들의 눈을 어지럽히려고?"
아빠가 깜짝 놀라 눈을

동그랗게 떴어요.

"아! 아니에요, 아빠. 장난이에요. 그냥 노란 비옷을 입을게요. 그게 어린이들의 보호색 아니, 경계색이라면 받아들여야죠, 뭐."

민우가 허둥지둥 비옷을 입고 어깨에 가방을 멨어요.

"참, 초식 동물뿐 아니라 육식 동물도 보호색을 가진단다."

"네에? 육식 동물도 보호색을 가진다고요?"

계단을 내려가던 민우가 놀라서 걸음을 멈추었어요. 민우는 아빠의 설명을 더 듣고 싶었어요. 하지만 그랬다가는 학교에 지각하고 말 텐데 어떡하지요? 정말 고민이에요.

더 알고싶어요!

Q 육식 동물도 보호색을?

　육식 동물도 보호색을 가집니다. 육식 동물이 보호색을 띠는 건 초식 동물을 속이기 위해서예요. 주변 환경과 색깔이 비슷해야 먹잇감에게 다가갈 때 들키지 않을 테니까요.

　표범이나 재규어의 얼룩 무늬를 본 적이 있나요? 얼룩덜룩한 무늬가 오히려 눈에 띌 것 같다고요? 풀과 나무가 무성한 곳에 햇빛이 비치면 나무 그림자 때문에 바닥에 얼룩이 생깁니다. 이런 곳에서 표범이나 재규어의 얼룩 무늬는 눈에 띄지 않게 하는 보호색 역할을 합니다.

Q 경계색을 가진 동물은?

　곤충이나 작은 동물들은 적을 위협하기 위해 경계색을 가져요. 독을 가진 개구리 중에는 눈에 띄는 초록색 몸에 까만색의 반점을 한 개구리도 있지요. 빨갛고 노란 개구리들도 있어요. 어떤 나비의 애벌레는 알록달록한 무늬가 섞여 있는 화려한 색깔의 털로 무장하고 있답니다. 겉모습이 화려한 생물은 대체로 독을 가지고 있거나 지독히 맛이 없지요.

그래서 새들은 화려한 색의 벌레들을 꺼린답니다. 혹시 모를 위험으로부터 스스로를 지키기 위해서예요.

Q 토끼는 왜 몸 색깔을 바꿀까요?

토끼는 계절에 따라 털갈이를 해서 겨울에는 흰색으로, 다른 계절에는 갈색으로 몸 색깔을 바꿉니다. 동요나 동화에 자주 나오는 흰토끼는 겨울 토끼를 말하지요. 동물들이 털갈이를 하는 이유는 두 가지예요. 하나는 추위를 피하기 위해서이고, 다른 하나는 자기를 잡아먹으려는 동물들을 속이기 위해서지요. 겨울에 토끼가 흰색이 되는 것도 하얀 눈이 쌓여 있는 겨울 동안 육식 동물의 눈에 띄지 않기 위해서예요.

Q 보호색이 없는 동물은 쉽게 잡아먹히겠네요?

보호색이 없어도 동물들은 각자 자신을 지키는 특별한 재주를 가지고 있어요. 고슴도치는 등에 돋쳐 있는 가시로 적을 위협하고, 천산갑이나 아르마딜로는 딱딱한 껍질로 자신을 보호하지요. 스컹크는 지독한 냄새를 뿜어 적을 도망가게 만들고요. 도마뱀은 다른 동물에게 잡히면 꼬리를 잘라 버리고 달아납니다. 도마뱀이 도망치는 동안 잘려 나간 꼬리가 계속 꿈틀대며 적의 시선을 사로잡지요.

먹이 연쇄

늑대가 사라진 언덕

'어떻게 해야 우리 아기들을 잘 지키지?'

풀이 무성한 언덕 아래에 사는 어른 염소들은 자나 깨나 늑대가 제일 걱정이었어요. 고기도 부드럽고 잡기도 쉬운 아기 염소는 늑대들이 늘 노리는 먹잇감이었거든요.

어른 염소들은 아기 염소들이 언덕으로 풀을 뜯으러 갈 때면 단단히 일러두었지요.

"멀리 가지 말고 엄마, 아빠 근처에만 있어야 한다."

하지만 소용없는 노릇이었어요. 호기심에 가득 찬 아기 염소들은 이리저리 뛰어놀다 언덕 너머까지 가기 일쑤였지요.

그러던 어느 날이었어요.

막내 염소인 보송이가 작은 들꽃 하나를 발견하고는 넋을 잃고 바라보았어요. 그때, 노랑나비 한 마리가 들꽃에 앉았다가 춤을 추며 날아갔어요. 팔랑거리는 나비는 보송이더러 따라오라고 날갯짓을 하는 것 같았지요. 보송이는 노랑나비를 따라 언덕 위로 올라갔어요.

보송이가 없어진 걸 알고 어른 염소들이 허겁지겁 보송이를 찾아 나섰어요. 어른 염소들이 늑대 마을 근처에 도착했을 때였어요. 늑대 한 마리가 보송이를 덮치려는 순간이었지요. 어른 염소들이 다 같이 달려들었어요. 늑대는 으르렁거리며 덤빌 듯하더니 이내 보송이를 놓아 주었어요. 정말 아슬아슬했어요.

어른 염소들은 회의를 열었어요. 어른 염소들은 아기 염소들이 언덕 아래 풀밭을 벗어나지 못하도록 주변에 울타리를 만들기로 했어요. 날마다 순서를 정해서 망도 보았지요.

그 후로 아기 염소는 한 마리도 늑대에게 먹히지 않았답니다. 염소를 잡아먹지 못한 늑대들은 할 수 없이 옆의 언덕으로 이사를 가야만 했지요.

늑대들이 모두 사라졌으니 염소들은 오래오래 행복하게 잘 살았을까요? 아니에요. 그동안 염소들은 늑대에게 잡아먹힐 걱정만 했지 먹이 걱정은 하지 않고 살았어요. 늑대가 염소들을 잡아먹어서 염소들은 늘 일정한 수를 유지하고 있었기 때문이지요.

무서운 늑대를 몰아내고 나니 염소들이 점점 많아져서 먹이가 부족해지기 시작했습니다. 늘어나는 염소들 때문에 언덕에 무성했던 풀이 모두 없어졌지요. 배고픈 염소들이 서로 풀을 차지하려고 싸우기도 했어요. 결국 힘없는 염소들은 먹이를 구하지 못하고, 제대로 먹지 못해 건강이 나빠졌어요.

염소들은 또다시 회의를 했어요. 제일 나이가 많은 할아버지 염소가 말했어요.

"예전에 저 멀리 숲에서 오소리를 모두 없애 버렸더니 토끼 수가 많아져서 굶어 죽는 토끼가 늘었다는 이야기를 들었어요. 그때는 대수롭지 않게 여겼지요. 토끼들이 바보 같다고 생각했는데, 우리가 그 바보가 되고 말았구려."

"늑대들을 다시 불러오자는 말인가요?"

할아버지 염소의 말에 나서기 좋아하는 아저씨

염소가 말했어요. 다른 염소들이 말도 안 되는 소리를 한다며 아저씨 염소를 노려보았어요.

"아니, 내 말은 그러니까 저, 꼭 그러자는 건 아니었어요. 헤헤."

아저씨 염소가 어색한 웃음을 지었어요.

"저기 보이는 언덕으로 이사를 갑시다. 거긴 맛있는 풀들이 많아 보이던데."

"거긴 늑대들이 많아서 안 돼요."

염소들은 고민에 빠졌어요.

늑대가 없는 언덕으로 이사를 가면 얼마 지나지 않아 또다시 풀이 부족해져서 먹이 걱정을 해야 하겠지요? 그렇다고 염소를 잡아먹는 늑대가 있는 언덕으로 이사할 수도 없어요. 염소들은 어떤 결정을 내릴까요?

더 알고싶어요!

Q 먹이 연쇄

식물들은 스스로 양분을 만들어 내지만 동물들은 그렇지 못해요. 동물들은 풀을 뜯어 먹거나 다른 동물들을 잡아먹지요. 풀만 먹는 동물을 초식 동물, 다른 동물을 잡아먹는 동물은 육식 동물, 풀이든 동물이든 가리지 않고 먹는 동물을 잡식 동물이라고 해요. 이런 먹이 관계를 순서대로 이어 놓은 게 먹이 연쇄입니다.

풀 → 초식 동물 → 육식 동물

Q 먹이 그물

먹이 연쇄가 여러 개 얽혀서 마치 그물처럼 보이는 것이 먹이 그물이에요. 동물은 한 가지만 먹는 게 아니라 여러 가지를 잡아먹지요. 잡아먹히는 동물도 여러 동물들한테 잡아먹힌답니다. 쥐만 하더라도 부엉이, 여우, 너구리, 뱀 등 많은 동물들에게 잡아먹히고요. 여우는 다시 너구리와 뱀을 잡아먹지요. 이렇게 얽힌 관계를 나타내면 그물처럼 복잡해져요.

Q 늑대를 잡아먹는 동물도 있나요?

풀의 양보다 초식 동물의 수가 적고, 초식 동물보다 육식 동물의 수가 적습니다. 잡아먹는 쪽의 수가 더 많아지면 먹이가 부족해서 결국 균형이 깨지고 말지요. 이런 관계를 그림으로 그린 것을 먹이 피라미드라고 합니다. 육식 동물 중에서 먹이 피라미드의 맨 위에 있는 사자, 호랑이, 재규어, 표범 등의 동물들은 그 수도 적고 사냥하기도 쉽지 않아요. 이들을 잡아먹는 동물은 없습니다.

Q 한 가지 먹이만 먹는 동물도 있나요?

대부분의 동물들은 여러 종류의 먹이를 먹지만, 간혹 한두 종류만 먹는 동물들도 있습니다. 개미핥기는 개미와 흰개미만 먹어요. 판다는 대나무 잎만 먹고요. 오스트레일리아에 사는 코알라는 유칼리나무 잎만 먹어요. 유칼리나무 잎은 소화시키기도 힘들고 잠이 오게 하는 성분도 들어 있어, 코알라는 거의 온종일 잠만 잔답니다.

짝짓기

수컷 견장박쥐
치치

　견장박쥐들에게 짝짓기 철이 다가왔어요. 동물 세계에서는 살아남는 것 다음으로 자손을 남기는 걸 중요하게 생각합니다. 사람은 죽어서 이름을 남기고 싶어 하지만, 동물은 자기를 닮은 새끼를 남기고 싶어 하니까요. 견장박쥐들도 마찬가지예요.

　수컷 견장박쥐 치치는 걱정이 되었어요. 자신에게는 암컷 견장박쥐의 호감을 살 만한 특별한 능력이 없다는 걸 잘 알고 있었거든요.

　치치는 부지런하고 성실해서 누구보다 가족을 잘 돌보는 좋은 아빠가 될 자신이 있어요. 하지만 그런 건 보여 주기가 힘

들잖아요.

　치치는 벌써부터 마음에 드는 암컷 견장박쥐가 있었어요. 튼튼하고 날쌘 암컷이었지요. 오늘 밤에는 그 암컷 견장박쥐가 치치 근처에 와 있네요. 치치는 멋진 모습을 보여서 암컷 견장박쥐의 마음을 빼앗고 싶었어요.

　'공작처럼 멋진 깃털이 있다면…….'

　수컷 견장박쥐 치치는 자신의 날개를 쳐다보았지만 어두운 회색빛 날개만 보일 뿐이었어요.

　'호주에 사는 금조처럼 여러 새들의 목소리를 흉내 내는 재주가 있으면 좋을 텐데.'

　하지만 치치는 찍찍거리는 소리만 겨우 낼 뿐이었어요. 그렇다고 맛있는 먹이를 물어다 줄 수 있을 만큼 힘이 세지도 않았지요.

'암컷 견장박쥐를 기쁘게 해 줄 수 있는 일이 없을까? 난 왜 잘하는 게 없지?'

치치가 고민하고 있는 사이에 다른 수컷 박쥐들이 하나둘 모여들기 시작했어요. 암컷 견장박쥐는 가만히 지켜보고만 있었지요. 암컷 견장박쥐 역시 고민이 많았어요. 좋은 유전자를 가진 수컷을 골라야 나중에 태어날 아기가 아빠를 닮아 강하고 멋질 테니까요.

'그래, 비록 꾀꼬리나 금조처럼 아름다운 목소리는 아니지만 노래를 불러 줘야겠어!'

수컷 견장박쥐 치치는 정성을 기울여 노래를 불렀어요.

"쭈익, 쭈익."

치치는 마음을 담아 큰 소리로 외쳤어요. 그리고 어깨의 하얀 무늬가 잘 드러나도록 힘을 주었지요. 그러자 다른 수컷들도 노래를 부르고 어깨에 있는 무늬를 자랑했어요. 치치는 더욱 힘차게 움직이며 목청껏 노래를 불렀어요.

'난 좋은 아빠가 될 수 있어. 난 가족을 잘 지킬 수 있다고.'

그때였어요. 암컷 견장박쥐가 치치에게 다가왔지요. 그건 치치를 선택하겠다는 뜻이었어요. 치치는 기뻤어요.

"보잘것없는 나를 선택해 줘서 고마워요. 난 특별히 잘하는 게 없어서 당신에게 별로 해 줄 게 없군요."
치치가 암컷 견장박쥐에게 말했어요.
"아니에요. 당신은 누구보다도 성실한 모습을 보여 주었어요. 난 우리 아이들을 함께 잘 돌봐 줄 수 있는 상대를 찾고 있었어요. 당신은 믿음을 주었어요."
둘은 마주보고 웃었지요.

더 알고싶어요!

Q 짝짓기 철이 되면 바빠지는 수컷들

다 자란 동물들은 짝짓기를 합니다. 이때에는 수컷들이 몹시 바빠져요. 대부분은 수컷이 암컷의 관심을 끌기 위해 노력해요. 화려한 깃털로 맵시를 뽐내기도 하고, 맛있는 먹이를 가져와서 암컷을 유혹하기도 합니다. 또, 소리 높여 아름다운 노래를 부르기도 하고, 보금자리를 멋지게 꾸며 놓고 암컷을 초대하기도 해요. 암컷은 가장 눈에 띄고 마음에 드는 수컷을 선택하지요.

Q 암컷 견장박쥐가 치치를 선택한 이유

사자의 멋진 갈기는 암컷을 유혹하는 데 이용됩니다. 암사자들은 갈기가 멋진 수사자를 좋아하는데, 이는 유전적으로 우수할 거라는 판단 때문입니다. 수사슴의 멋진 뿔 역시 암사슴에게 자신의 우월함을 보여 주기 위한 것이지요.

이에 비해 수컷 견장박쥐는 특이한 점이 전혀 없어 보입니다. 그러나 암컷 견장박쥐는 힘찬 노랫소리와 어깨에 있는 흰 무늬를 보고 우수한 유전자를 가진 수컷을 고릅니다.

때론 사냥꾼들이 암컷보다 먼저 수컷의 화려한 깃털을 보거나 노랫소리를 듣고 달려들기도 합니다. 목숨을 건 짝짓기이지요. 그만큼 동물들은 자손을 남기는 걸 중요하게 생각합니다.

Q 페로몬이 무엇인가요?

동물 사회에서 같은 종류의 동물은 서로 신호를 주고받으면서 살아가는 데 필요한 행동을 조절해요. 가까운 거리에서는 소리나 몸짓으로 신호를 전하지만 먼 거리에서는 대부분 화학 물질로 신호를 전달합니다. 이 화학 물질을 페로몬이라고 해요. 적이 나타나면 얼른 페로몬을 내뿜어 주변 동물에게 위험을 알리지요.

Q 냄새도 짝짓기에 이용되나요?

곤충들과 일부 동물들은 페로몬을 통해 짝을 불러들이기도 해요. 냄새를 풍기는 것은 종류에 따라 암컷일 때도 있고 수컷일 때도 있지요. 코끼리는 수컷이 암컷의 페로몬 냄새를 맡고 짝짓기 할 준비가 되었는지를 알아차립니다. 몇몇 곤충들도 암컷이 페로몬을 내뿜는데, 이 냄새는 같은 종류끼리만 맡을 수 있다는군요. 잡종이 만들어지지 않게 하기 위해서지요.

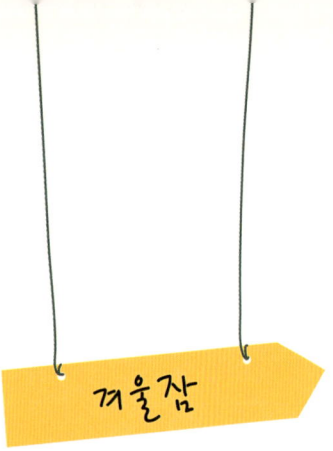

겨울잠

겨울잠을 자지 않는 곰

"헉! 귀여운 곰돌이를 상상하고 왔는데 좀 무서워요, 아빠."

귀여운 아기 곰이 동굴에서 쌔근쌔근 잠자는 모습을 기대했던 종현이는 곰을 보고 깜짝 놀랐어요. 버스 천장까지 닿는 큰 키에, 날카로운 발톱을 가진 곰은 누가 봐도 무시무시했어요.

"도대체 이 곰은 크기와 무게가 얼마나 될까요?"

"음, 키는 2 m가 훨씬 넘는 것 같고, 몸무게는 500 kg쯤 되겠다. 불곰들은 몸집이 아주 크지."

아빠는 들떠서 계속 사진을 찍어 댔어요. 오늘 동물원 방문은 완전 아빠를 위한 이벤트 같아요.

"아빠보다 키는 20 cm 이상 크고 몸무게는 일곱 배가 넘는다는 이야기네요."

이렇게 큰 곰이라면 만나지 않는 게 좋을 텐데. 곰을 보러 오자고 한 아빠가 원망스러웠어요. 버스엔 쇠로 된 안전장치가 있었지만, 곰이 앞발을 한 번만 휘두르면 금세 떨어져 나갈 것만 같았어요.

"곰이 왜 겨울잠을 자지 않고 돌아다니는 거죠?"

"굳이 잘 필요가 없으면 안 자도 되니까. 곰도 포유류잖니."

"곰이 겨울잠을 안 잘 수도 있다고요? 겨울이 오면 반드시 자는 게 아니고요?"

"곰이 겨울잠을 자는 건 겨울에 먹이를 구하기가 힘들기 때문이란다. 동물원에서는 곰에게 꼬박꼬박 먹이를 주잖니. 그러니까 잘 필요가 없는 거지."

곰을 향해 찰칵 사진을 찍은 다음 아빠가 말했어요.

"북극에 사는 북극곰은 겨울잠을 자지 않는단다. 일 년 내내 물범을 사냥할 수 있으니까 말이야. 물론 새끼를 낳아서 기르는 어미 곰은 겨울잠을 자면서 새끼를 돌봐야 하지만."

창문 밖에서 곰이 거수경례를 했어요. 손을 마구 흔들며 인사도 했어요. 곰이 재롱을 부리는 것을 보니 아까만큼 무서워 보이지는 않았어요. 종현이는 이제 조금 안심이 되기 시작했어요.

"에이, 새끼를 낳아 돌보면서 잠을 잔다고요?"

"곰은 겨울잠을 잘 때 완전히 깊은 잠에 빠지는 다른 동물들과 다르단다. 꾸벅꾸벅 졸고 있는 상태와 비슷해. 어미 곰 역시 그런 상태로 새끼를 돌보고 젖을 먹여 키우지."

곰이 사육사 아저씨가 던져 주는 건빵을 한 개도 놓치지 않고 입으로 받아먹었어요.

"참, 겨울잠을 자러 가기 전에 곰의 모습이 정말 재미있단다. 하도 먹어서 눈이 보이지 않을 정도로 살이 찌거든. 몸무게가 평소의 2배에서 4배 이상 늘어난단다. 겨울을 나는 동안 사용할 지방을 몸 안에 잔뜩 저장하기 때문이야. 겨울잠에서 깨어났을 때에는 빼빼 마른 곰이 되어 버리지. 두텁게 쌓여 있던 지방이 겨우내 곰에게 에너지를 제공해 주는 거란다."

곰이 종현이를 향해 웃었어요. 뭐라고 말도 했고요. 사육사 아저씨는 '안녕'이라고 한다는데 믿기지는 않았어요.

"점점 곰이 귀여워 보여요, 아빠!"

"이제 겨우 곰과 친해진 모양이구나. 하지만 어쩌지. 버스가 출발하는데."

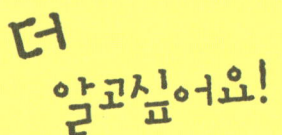

더 알고싶어요!

Q 겨울잠에도 에너지가 필요해요

　풀만 먹는 초식 동물이나, 고기만 먹는 육식 동물과 달리 곰은 이것저것 잘 먹는 잡식 동물이랍니다. 그래서 아무거나 잘 먹을 것처럼 보이지만 사실은 입맛이 까다로워요. 먹을 게 많은 여름에는 과일과 풀 같은 신선한 식물을 주로 먹고, 겨울잠을 자러 가기 전인 가을에는 단백질과 지방이 풍부한 연어나 도토리 등을 먹습니다. 봄에는 겨울잠을 자느라 다 쓴 에너지를 보충하기 위해 영양이 풍부한 어린 사슴이나 들쥐를 잡아먹어요. 계절에 따라 몸에 필요한 음식을 잘 가려 먹지요.

　곰은 포유류라 체온이 잘 변하지 않지만 겨울에는 일부러 체온을 조금 낮추기도 합니다. 체온은 보통 때에 35~38도인데, 겨울잠을 자는 동안에는 30~31도로 낮추어서 에너지를 아끼지요. 이때는 심장도 천천히 뛰어요. 에너지를 적게 쓰려고요.

Q 새도 겨울잠을 자나요?

　새는 겨울잠을 자지 않아요. 날씨가 추워지면 따뜻한 지역을 찾아 이동하면 그만이니까요. 세계에서 유일하게 겨울잠을 자는 새는 미국의 캘리포니아 계곡에서 겨울을 나는 푸어윌쏙독새입니다. 이 새 역시 겨울잠을 잘 때에는 평소보다 23도나 낮은 체온을 유지하는데, 체온을 낮추면 훨씬 적은 에너지로도 겨울을 잘 버틸 수 있기 때문이에요.

Q 여름잠을 자는 동물들

　열대 동물들은 뜨거운 햇빛을 피해 진흙이나 풀뿌리 등에 숨어 여름잠을 자요. 물고기 중에는 폐어가 여름잠을 잡니다. 습지가 말라 버리면 폐어는 고치를 만들고 그 속에 들어가 여름잠을 잡니다. 비가 내려 늪지에 물이 가득 차면 깨어나지요.

　붉은 게는 굴 속에서, 지렁이는 깊은 땅속에서 몸을 동그랗게 말고 잠을 잔답니다. 사막달팽이는 껍데기 입구에 막을 만들어 수분 증발을 막은 다음, 비가 올 때까지 잠을 잡니다. 필요하면 몇 년 동안이나 잠을 잘 수 있다는군요.

　고슴도치와 비슷하게 생긴 텐렉은 여름에도 자고 겨울에도 잡니다. 잠꾸러기라고 놀리지 마세요. 텐렉은 환경에 잘 적응하며 살아가고 있는 것이니까요.

기린의 목은 왜 길까요?

진화

"그래서 자꾸자꾸 잡아당겼더니 기린의 목이 길어졌습니다. 기린은 길쭉해진 목이 무척 마음에 들었습니다. '와, 정말 마음에 들어. 난 이 세상에 단 하나밖에 없는 특별한 존재야!' 기린은 이렇게 소리쳤어요."
가을이가 소리 내어 읽던 이야기책을 내려놓으며 투덜거렸어요.
"아무리 생각해 봐도 이상해. 말이 안 된다고."
가을이는 엄마에게 달려갔습니다. 확인해 보고 싶은 게 있었거든요.
"엄마, 제 머리를 잡고 위로 세게 당겨 보세요. 네?"
엄마는 영문을 몰라 가을이를 빤히 쳐다봤습니다.
"머리를 잡아당기면 정말 기린처럼 목이 길어지는지 보게요."
엄마는 어깨를 으쓱합니다.
"옛날에 자기 모습을 싫어하는 기린이 있었대요. 길을 가다가 두더지 굴에 얼굴을 밀어 넣고 두더지에게 인사를 했어요. 그런데 머리가 두더지 굴 입구에 꽉 끼어서 빠지질 않더래요."

"그래? 저런, 안됐구나!"

그제야 엄마가 웃었어요. 무슨 이야기인지 알 것 같았거든요. 그건 조금 전에 가을이가 읽던 책에 나오는 이야기니까요.

"이걸 본 제우스가 자신의 딸인 아르테미스에게 기린을 도와주라고 명령했대요. 아르테미스는 기린을 잡아당기고 또 잡아당겼대요. 그랬더니 기린의 목이 길어졌다는 거예요. 도무지 믿을 수가 없는 이야기예요."

"엄마가 네 머리를 잡아당긴다면 틀림없이 넌 목만 아플 거야. 절대로 늘어나지 않을 거니까. 아르테미스 같은 여신이 잡아당긴다면 또 모르지만."

엄마는 장난기 어린 목소리로 사실인지 농담인지 알 수 없는 말만 하십니다.

"정말 아르테미스 때문에 기린의 목이 길어진 거라고요?"

가을이가 진지하게 다시 물었어요.

"물론 아니지. 과학적인 근거가 약했던 시절에는 이야기를 꾸며 자연현상을 설명하곤 했단다. 재미있지 않니? 상상력도 풍부하고. 어쨌거나 기린의 목이 길어진 건 아르테미스 신과는 거리가 좀 있고, 진화와 상관이 있다고 봐야겠지."

"진화라고요? 기린에 관한 또 다른 이야기예요?"
가을이가 눈을 크게 뜨고 물었습니다.
"그래. 1800년대 영국 사람인 다윈은 기린의 목이 길어진 걸 진화론으로 설명했어."
"빨리 말해 주세요, 엄마!"
"옛날에 목이 긴 기린과 짧은 기린이 살았지. 여기저기 풀들을 뜯어먹었더니 나중엔 높은 곳에 있는 풀들만 남게 되었어. 목이 긴 기린들은 목이 짧은 기린들보다 높은 곳에 있는 먹이도 잘 먹을 수 있었으니까 결국 살아남게 되었지."
"아하, 높은 곳의 먹이를 먹으려고 계속 목을 길게 빼고 다녀서 목이 길어졌군요."
"아니! 목이 긴 기린들이 살아남아 짝짓기를 해서 새끼를 낳았지. 그 새끼들은 엄마, 아빠를 닮아서 목이 길었을 거고. 이런 과정이 반복되면서 목이 짧은 기린은 사라지고 목이 긴 기린만 남게 된 거야. 물론 우리가 상상할 수 없을 만큼 긴 시간이 걸렸지만."
"목이 길어서 살아남은 기린이 목이 긴 후손을 퍼뜨렸다는 얘기군요?"
"그래. 바로 그거란다."
가을이는 고개를 끄덕였습니다.
"이제 이해가 가요. 엄마가 제 머리를 잡아당기지 않아서 다행이에요."

더 알고싶어요!

Q 핀치새의 부리는 환경에 따라 달라요

다윈은 배를 타고 여행을 하다가 갈라파고스에 닿았어요. 갈라파고스의 여러 섬에 있는 핀치새들을 자세히 관찰했지요. 핀치새의 부리 모양이 섬마다 조금씩 달랐어요. 벌레들이 풍부한 곳에 사는 핀치새는 가늘고 뾰족한 부리를 가졌지요. 반대로 곡식이 풍부한 곳에 사는 핀치새는 씨앗을 쪼아 먹기 쉽도록 단단하고 뭉툭한 부리를 가졌고요. 주변에 있는 먹이의 종류에 따라 좀 더 잘 먹을 수 있는 방향으로 진화한 것이지요.

Q 환경에 따라 진화하는 동물들

추운 지방에 사는 동물들은 따뜻한 지방에 사는 동물들보다 몸집이 큽니다. 몸집이 클수록 열을 잃는 속도가 더뎌서 추위를 이겨내기가 쉬워지기 때문이지요. 그래서 캐나다 북쪽에 사는 소는 미국의 남쪽에 사는 소보다 큽니다. 북극여우는 사막여우보다 몸집이 크고요.

북극여우는 귀가 작고 사막여우는 귀가 커요. 이것 역시 환경에 맞추어 진화한 것이지요. 사막여우의 큰 귀는 소리를 잘 듣기도 하지만 열을 내보내는 역할을 한답니다. 큰 귀 덕분에 사막에서도 시원하게 살 수 있는 거지요. 반대로 북극여우는 귀로 열을 내보내지 않기 위해 귀가 작아진 거예요.

Q 코끼리는 많이 먹어서 뚱뚱해졌나요?

무서운 맹수들이 들끓는 초원에서 살아남으려면 어떻게 해야 할까요? 코끼리는 맹수보다 더 큰 몸집을 만들어서 맹수들이 감히 덤비지 못하게 하는 쪽으로 진화했습니다. 몸집을 지탱하기 위해 다리는 더 두꺼워졌지요. 그러다 보니 두꺼운 앞다리는 자유롭게 쓸 수 없고, 몸이 커서 고개를 숙이기도 어려워졌지요. 결국 코끼리는 긴 코를 자유롭게 사용하는 쪽으로 또다시 진화했어요. 덕분에 몸을 많이 움직이지 않아도 먹이를 마음대로 먹을 수 있게 되었어요.

Q 다리와 몸통의 온도가 다른 동물도 있나요?

순록이나 산양 등 추운 지방에 사는 동물들은 다리의 온도가 몸통의 온도보다 낮아요. 몸의 부위에 따라 온도가 다르다니 신기하지요?

몸 따로 다리 따로 체온을 유지하는 능력 때문에 눈 덮인 들판을 달려도 다리에 동상이 걸리지 않는 거랍니다. 환경에 따라 잘 진화한 것이지요.

바다표범과 고래의 지느러미 역시 몸통보다 온도가 훨씬 낮아요. 그래서 차가운 물속에서도 얼지 않고 잘 버티지요.

동화

할머니 안경은 돋보기 안경

"돋보기를 안 쓰니까 통 보이질 않는구나."

할머니가 은지의 옷에 단추를 달다 말고 한쪽으로 밀어 놓았어요. 은지가 바늘귀에 실도 잘 꿰어 드렸는데 말이에요.

"네 엄마가 여행에서 돌아오면 달아 달라고 하렴."

"할머니! 돋보기도 안경이죠?"

"그래, 가까이 있는 걸 더 크고 잘 보이게 해 준단다."

은지는 할머니가 평소에 돋보기를 쓴 걸 거의 본 적이 없었어요. 조금 전 함께 텔레비전을 볼 때에도 할머니는 안경을 쓰지 않았어요. 그래도 은지처럼 한 장면도 놓치지 않고 본 걸요. 텔레비전을 보면서 할머니와 나누었던 이야기를 생각해 보면 알 수 있어요.

"할머니는 눈이 나쁘지 않은 것 같은데 왜 돋보기를 써요?"

"할머니가 돋보기를 쓰는 건 노안 때문이란다. 오랫동안 이 눈을 통해 세상을 봐 왔잖니? 사람이 늙으면 눈도 늙어. 바늘구멍처럼 작은 건 잘 안 보이지. 그래서 돋보기를 쓰는 거란다."

"날개를 너무 많이 써서 이제는 날 수 없게 된 타조처럼요?"

"응? 타조? 타조는 날개를 너무 많이 사용해서 날 수 없게 된 게 아니에요. 그건 노화가 아니고 퇴화된 거야."

"퇴화요? 퇴화는 또 뭐예요?"

"타조는 사막에 산단다. 사막에는 먹을 게 많지 않아요. 먹이를 발견하면 한꺼번에 많이 먹어 두어야 했어. 먹이를 한꺼번에 많이 먹으려면 몸집이 커야 하니까 점점 몸집이 커지는 쪽으로 진화했지. 결국 몸이 무거워져서 더 이상 날 수 없게 되었어. 타조의 날개는 쓰지 않아 퇴화해 버린 거란다."

"와! 타조는 진화와 퇴화를 같이 한 거네요.

어떻게 그럴 수 있죠? 전 동물이 항상 진화한다고 생각했었는데요. 퇴화는 안 좋은 거 아니에요?"

은지는 할머니의 말이 신기했어요.

"고래를 예로 들어 보자. 고래는 먹이를 찾기 쉬운 물속을 선택했어. 물속에서 생활하다 보니까 고래의 앞다리와 꼬리는 헤엄치기 좋게 지느러미처럼 변했지. 하지만 쓰지 않은 뒷다리는 퇴화해 버렸단다."

"조금 어려워요, 할머니."

"사람도 예전에는 발달된 턱과 날카로운 이를 가지고 있었단다. 몸에는 털이 온통 덮여 있었고 말이야."

"으악! 킹콩처럼 말이죠?"

"그러다가 음식을 익혀 먹고 옷을 입게 되면서 이도 덜 날카로워졌고 몸을 보호하던 털도 사라졌지."

"털이 없어진 건 퇴화가 아니라 진화 같아요. 털이 있으면 원숭이 같잖아요?"

"듣고 보니 그렇구나! 하지만 턱이 부드러워진 것과 날카로운 이를 잃어버린 건 대부분 퇴화라고 생각한단다."

"환경에 따라 필요한 부분이 점점 좋아진 게 진화라면, 필요 없는 부분이 점점 사라지거나 안 좋아진 건 퇴화네요."
"그렇지! 우리 은지가 제법이구나."
은지가 할머니 눈을 한참 들여다봅니다.
"한 번 퇴화한 부분이 다시 돌아오지 않듯이 한 번 노화된 눈은 다시 좋아지지 않는 거예요?"
"왜, 이 할미가 안되어 보이니? 나이 드는 것도 자연의 섭리야. 사람도 동물도 자연을 거역할 순 없는 거란다."
은지는 가만히 고개를 끄덕입니다.

더 알고싶어요!

Q 고래가 물을 뿜는 게 아니라고요?

고래의 조상은 땅에서 살았습니다. 땅에서 살 때에 고래의 콧구멍은 주둥이 앞에 있었어요. 바다에 살게 되면서 지금처럼 머리 맨 위에 콧구멍이 있게 진화했지요. 그래서 고래는 물속에서 고개를 다 내밀지 않고도 콧구멍만 내밀고 숨을 쉴 수 있게 되었지요. 고래는 물 위로 튀어 오르며 숨을 내뿜습니다.

왜 고래가 물을 내뿜는 것처럼 보이냐고요? 고래가 참았던 숨을 한꺼번에 뿜어내면서 물도 함께 튀어 오르기 때문에 우리 눈에 물을 뿜는 것처럼 보이는 거예요. 물속으로 들어가면서 고래의 뒷다리는 퇴화하고 앞다리는 지느러미처럼 변했어요. 하지만 아직도 지느러미에 손가락뼈 같이 생긴 뼈가 있는 걸 보면 포유류의 손 같다는 생각도 들지요.

Q 암컷을 만나면 퇴화하는 동물도 있다고요?

깊은 바닷속에 사는 아귀는 입이 크고 흉하게 생겨서 못생긴 물고기로 유명합니다. 그 큰 입으로 자신만 한 물고기도 잡아먹지요.

아귀는 암컷이 수컷보다 몸집이 몇 배나 더 큰데, 수컷의 생활 방식이 조금 특이해요. 깊고 캄캄한 바닷속에서 아귀의 암컷과 수컷은 만나기가 아주 어려워요. 그래서 한번 만나면 수컷이 암컷의 몸에 혹처럼 아예 붙어 버립니다. 수컷은 암컷과 피를 통하여 암컷에게 영양분을 받아먹어요. 수컷의 내장 기관은 모두 퇴화하여 없어집니다. 심지어 눈까지도요. 음식을 직접 소화시킬 일도, 눈으로 앞을 볼 일도 없는 것이지요.

Q 타조는 왜 모래 속에 머리를 숨길까요?

타조는 적이 나타나면 재빨리 달아납니다. 그러다가 불리해지면 어느 순간 갑자기 사라지지요. 살금살금 쫓아가 보면 타조는 바닥에 죽은 척 쓰러져 있습니다. 타조의 머리는 모래와 색깔이 거의 같기 때문에 마치 모래 속에 머리를 파묻은 것처럼 보입니다. 하지만 결코 모래 속에 머리를 묻는 건 아니에요. 타조가 이런 속임수를 쓰는 건 날개가 퇴화해 더 이상 날아서 도망갈 수가 없기 때문입니다.

어울려 살아요

"사람은 사회적 동물이라고 책에서 읽었는데, 그건 틀렸어요!"

친구 생일 파티에 갔던 승민이가 파티가 끝나기도 전에 툴툴거리며 집에 왔어요.

"전 혼자 있는 게 더 좋아요."

"왜 그런 생각이 들었는지 아빠가 알 수 있을까?"

주말이라 모처럼 집에서 쉬고 있었던 아빠가 물었어요.

"포크 댄스에서도, 신문지 게임에서도 나만 짝이 없잖아요. 그러니까 혼자 있는 편이 더 좋다는 생각이 들어서 집에 와 버렸어요."

"친구들에게 인사도 없이? 그건 좀 심한데."

그러고 보니 승민이도 친구들만큼 잘못한 게 있었네요.

"가끔은 혼자 있는 게 편하지만 조금 있으면 마음이 바뀔 거다. 친구들이 생각날 거야. 사람은 사회적 동물이라는 건 맞는 말이니까."

아빠가 뭐라고 말해도 지금은 그럴 것 같지 않았어요.

"사람 말고도 많은 동물들이 무리 지어 산단다."

"알아요. 사향소들처럼요."

승민이는 텔레비전에서 봤던 게 생각나서 말했어요.

"그래. 많은 초식 동물들이 우르르 떼를 지어 다니지. 먹이를 구하기 쉽고 적으로부터 공격을 받아도 덜 위험하기 때문이야."

"맞아요. 사향소들은 적이 공격하려 들면 둥글게 늘어서서 원을 만든 다음, 그 안에 어린 사향소들을 몰아넣고 보호해 주잖아요."

사향소들처럼 모여 있는 친구들이 떠올랐어요. 승민이는 자기가 혼자 무리에서 떨어진 사향소 같았지요.

"그냥 모여 살기만 하는 게 아니라 각자 역할을 나누어 맡고 마을을 이루면서 사는 동물도 있단다."

"와! 그게 무슨 동물이에요? 궁금해요."

"북아메리카에 사는 다람쥐과 동물인 프레리도그란다. 수컷 한 마리에 암컷 서너 마리, 그리고 새끼들로 이루어진 게 한 가족인데, 이런 가족이 여럿 모여 1000여 마리가 마을을 이루며 살지."

"사람하고 비슷하네요. 그런데 각자 역할을 나눈다는 건 어떤 거예요?"

"대표적인 게 파수꾼이야. 파수꾼은 일어선 자세로 주위를 살피지. 그러다가 독수리나 흰 족제비가 나타나면 컹컹 짖어서 위험을 알리는 거야."

"하하, 프레리도그는 다람쥐과 동물이라면서요. 그럼 좀 더 앙증맞은 소리를 내지 않을까요?"

"개처럼 짖는다고 프레리도그라는 이름이 붙었지. 영어로 '프레리'는 초원을, '도그'는 개를 말하거든. 무리끼리 친하게 지내는 걸 도와주는 사교자 역할도 있단다."

"제가 프레리도그였다면 절대 사교자는 못 되었을 거예요."

승민이는 조금 전에 토라져서 친구들에게 인사도 없이 와 버린 게 마음에 걸렸어요.

"딩동, 승민아!"

누군가 부르는 소리가 들렸어요.

"다행히 네 친구 중에 사교자가 있는 모양이구나."

아빠가 방긋 웃었어요.

"저 다시 가도 되죠?"

승민이가 조금 쑥스럽게 말했습니다.

"물론이지. 가서 신나게 놀다 오렴."

"아빠, 사람은 사회적 동물인 게 확실해요."

승민이는 서둘러 신발을 신고 밖으로 나갔습니다.

더 알고싶어요!

Q 다른 동물과도 잘 지내는 프레리도그

파수꾼 프레리도그가 신호를 주자 눈 깜짝할 사이에 프레리도그들이 동굴로 숨어요. 신호를 듣고 생쥐, 토끼, 구멍파기 올빼미들도 동굴로 몸을 피하지요. 물론 프레리도그가 파 놓은 굴이에요. 마음씨 좋은 프레리도그는 자기가 파 놓은 굴에 다른 동물들이 들어와 살아도 내버려 둡니다. 심지어 새들도 이 땅굴에 둥지를 틀지요.

커다란 굴 안에는 쓰임새에 따라 잠자는 방, 새끼를 기르는 방, 먹이를 모아 두는 방 등이 따로따로 있대요. 화장실도 짓는다니 꽤나 깔끔한 동물이지요? 굴 입구는 물이 들어오지 않도록 볼록하게 솟아 있는데, 파수꾼들은 이 위에 올라가 망을 봐요.

Q 무리를 이루는 많은 동물들

늑대들은 20마리 정도가 무리를 이루어 사는데, 제일 나이가 많은 암컷과 수컷이 무리의 대장이 된답니다.

사자도 외로운 걸 싫어해요. 힘센 수컷과 암컷이 대장이 되어 무리를 이끌어요. 암컷은 자기가 태어난 곳을 떠나지 않지만, 수컷은 자라면 무리를 떠나야 합니다. 침팬지와 원숭이, 몽구스와 벌거숭이두더지쥐, 코끼리도 모여 사는 걸 좋아하는 동물들이에요. 개미는 사회생활을 잘

하기로 소문이 나 있지요. 태어날 때부터 정해진 자신의 역할을 받아들이고 각자 그 일을 잘 해내요.

Q 경고음을 내는 역할은 주로 누가 맡나요?

경고음은 주로 암컷이 냅니다. 짝짓기 철이 되면 수컷들은 원래 있던 무리를 떠나 다른 무리로 이동하지요. 암컷은 새끼를 돌보기 위해 남아요. 그러니까 암컷들이 소리를 낼 수밖에요. 경고음을 내는 동물은 희생을 각오해야 합니다. 새끼와 무리가 모두 피한 맨 나중에 도망가야 하기 때문에 적에게 잡아먹힐 확률이 높거든요.

얼룩하이에나는 먹잇감을 발견하면 사람의 웃음소리 같은 이상한 소리를 냅니다. 동료들을 불러들이기 위해서요. 표정도 웃고 있지요. 그래서 '웃는 하이에나'라는 별명을 가지고 있어요.

하이에나는 사냥을 할 때에는 물론이고 운 좋게 다른 동물이 남긴 고깃덩어리를 주웠을 때조차 무리와 함께 나누어 먹습니다. 혼자서 먹이를 먹는 경우가 거의 없어요.

공생 관계

함께 또 같이

"자, 입 벌려요, 벌려."

악어새가 소리쳤어요.

"아!"

"더 크게 벌리라고요. 와, 이빨 사이에 찌꺼기가 많군요."

악어들이 모두 풀밭에 엎드려서 입을 쩍 벌리고 있어요. 다른 동물들을 벌벌 떨게 만드는 무서운 악어는 악어새에게 꼼짝 못합니다. 악어새들은 쩍 벌린 악어의 입안에서 이빨 사이사이를 돌아다니며 깨끗이 청소를 해 주지요.

악어새는 지렁이나 작은 벌레들도 잡아먹지만, 악어의 이빨 사이에 낀

고기 조각을 더 좋아합니다.

늪에서 악어 한 마리가 풀밭으로 기어 오고 있었어요. 덜렁이 악어 크악이었지요. 크악이는 하루 종일 초원을 돌아다니느라 늪에 붙어 있지 않았어요. 벌레 한 마리도 먹지 못한 채로요. 이빨 사이에 고기 찌꺼기 같은 건 당연히 끼지도 않았지요. 하지만 악어 마을의 규칙에 따라 크악이도 다른 악어들처럼 풀밭에 납작 엎드려 입을 크게 벌렸어요.

조그마한 악어새 한 마리가 포르르 날아와 크악이의 입 끝에 앉았어요. 크악이는 어디선가 맛있는 고기 냄새가 난다고 생각했지요. 이런 생각이 들자 크악이는 화들짝 놀랐어요. 왜냐하면 아무리 배가 고파도 악어새는 잡아

49

먹으면 안 된다는 걸 크악이도 잘 알고 있었거든요.

긴장한 나머지 크악이는 침을 꼴깍 삼키고 말았어요. 그 소리가 얼마나 크게 들렸는지 작은 악어새가 움찔했어요. 악어새는 크악이가 풍기는 나쁜 인상 때문에 기분이 좋지 않았어요. 하지만 '악어는 절대 우리를 잡아먹지 않는단다.'고 말하던 다정한 엄마의 얼굴을 떠올리자 조금 안심이 되었어요.

작은 악어새는 용기를 내어 크악이의 입안으로 폴짝 들어갔어요. 구석구석 살펴보았지만 맛있는 먹이는 크악이 입안 어디에도 없었어요. 게다가 크악이 배 안에서 꼬르륵 하는 소리가 목구멍을 타고 천둥처럼 크게 들렸어요. 작은 악어새는 참기가 힘들었어요.

"으악, 이게 뭐야. 위험하지 않게 맛난 먹이를 마음껏 먹을 수 있다고 했는데……."

작은 악어새는 그만 울음이 터져 나오려고 했어요. 그때였어요. 작은 악어새가 크악이 입에서 나오려는 순간, 크악이가 갑자기 입을 꽉 다물어 버렸어요. 작은 악어새는 놀란 나머지 부리로 크악이의 입 천장을 쪼아 대기 시작했어요. 크악이는 당황했어요. 꼬르륵 소리에 놀라 얼떨결에 입을 다물어 버린 거지, 악어새를 잡아먹으려던 건 결코 아니었거든요.

콕콕콕콕 콕콕콕콕.

더 세게, 더 세게.

크악이는 아프고 놀라서 입을 쩍 벌렸어요. 작은 악어새는 축축한 털을 부르르 털며 크악이 입 밖으로 냉큼 뛰어나왔지요.

"저 악어가……, 캑, 캑, 나를 잡아먹으려고 했어요!"

작은 악어새가 소리치자 풀밭에 있던 악어들과 악어새들이 모두 모여들었어요. 악어들은 악어새들에게 진심으로 사과했어요. 크악이는 크게 혼이 나고 일주일 동안 늪 밖 출입이 금지되었어요.

악어새들은 긴급회의를 열었어요. 생명에 위협을 느꼈기 때문이지요. 오랫동안 고민한 악어새들은 그래도 악어들의 치과 의사 역할을 계속하기로 결정했어요. 약간의 위험이 따르긴 해도 맛있는 먹이를 배불리 먹을 수 있는 기회는 그리 흔한 게 아니거든요.

참, 앞으로 크악이 입안 청소는 가장 경험이 많은 크크 할머니가 맡기로 했답니다.

더 알고싶어요!

Q 돕고 사는 공생, 한쪽만 좋은 기생

코뿔소가 쿵쾅쿵쾅 걸어다니면 풀밭에 사는 벌레들이 놀라서 튀어 오르지요. 해오라기들은 코뿔소 주위에 있다가 놀라서 튀어 오른 벌레나 메뚜기를 잡아먹습니다. 어떤 때에는 코뿔소 피부에 달라붙어 있는 벌레들을 잡아먹기도 하고요.

코뿔소는 시력이 나빠서 아주 가까이 있는 것만 볼 수 있어요. 그래서 아기 코뿔소를 잡아먹으려는 위험한 동물이 나타나도 보지 못하지요. 해오라기들은 주변에 육식 동물이 나타나면 날개를 퍼덕이며 날아오르기 때문에 이를 본 코뿔소들은 위험을 느끼고, 육식 동물로부터 아기 코뿔소를 보호할 수 있게 되지요.

아주 가끔은 공생 관계에 있는 동물이 해를 끼치는 경우도 있어요. 기린이 진드기에게 물려 피가 나면 할미새들은 상처에 가까이 가 진드기만 먹어 치우는 게 아니라, 기린의 피를 빨아 먹습니다. 때로는 상처가 아물 틈도 없이 피를 먹어 대는 바람에 기린의 건강이 나빠지기도 하지요. 그런데도 기린이 할미새를 쫓지 않는 것은 진드기나 벌레를 잡지 않으면 더 나쁜 병에 걸린다는는 걸 알기 때문이에요.

두 종류의 동물이 함께 살면서 서로에게 도움이 되는 관계를 공생이라고 해요. 반대로 한 동물만 이익을 챙기는 경우를 기생이라고 해요. 예를 들면 동물의 몸에 붙어서 영양분을 빼앗아 가는 진드기는 기생 동물입니다.

Q 바다제비와 왕도마뱀이 한 집에서 산다고요?

바다제비는 여러 달 동안 둥지를 비워 두고 사냥을 나갑니다. 그 사이에 왕도마뱀이 바다제비의 집에 들어와 살지요. 어, 바다제비가 알을 낳으려고 벼랑에 있는 둥지로 돌아왔어요. 이제 왕도마뱀이 떠나야 하나요?

바다제비는 왕도마뱀을 쫓아내지 않습니다. 왕도마뱀은 밤에 사냥을 나가고 바다제비는 낮에 사냥을 다녀서 둘은 거의 마주치지 않기 때문이지요. 대신 왕도마뱀은 둥지의 벌레들을 말끔히 먹어 치워 둥지를 아주 깨끗하게 만들어 줘요. 왕도마뱀은 때때로 다른 둥지에 있는 알과 새까지 잡아먹지만 바다제비와 바다제비의 알은 절대로 건드리지 않습니다.

의사소통

우리만의 비밀

"파이팅! 잘해라, 종현아!"

운동장이 쩌렁쩌렁 울릴 만큼 큰 소리로 아빠가 응원을 합니다.

'역시 우리 아빠라니까.'

종현이는 으쓱하며 목에 잔뜩 힘을 주었어요.

오늘은 축구 시합을 하는 날이에요. 경기 시작 전부터 운동장 가장자리에 아빠들이 모여 있어요. 종현이는 주변을 둘러보았어요. 환수 아빠가 손가락 춤이라도 추듯이 열 손가락을 이용해 환수에게 신호를 보내고 있었어요. 환수도 두 손으로 동그라미를 만들어 가며 대답했지요.

"너 지금 뭐 하는 거니?"

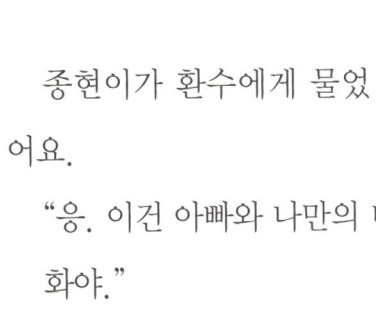

종현이가 환수에게 물었어요.

"응. 이건 아빠와 나만의 비밀 대화야."

환수는 이렇게 말하고 휙 가 버렸어요. 갑자기 소리만 지르는 아빠가 시시해 보였어요. 아빠랑 비밀스런 몸짓을 나누는 환수가 부러웠기 때문이지요.

게임은 3 대 2로 종현이 팀이 이겼어요.

"정말 잘했다."

아빠가 종현이를 힘껏 안아 주었어요.

"아빠! 환수는 손으로 아빠와 이야기를 나눠요. 무슨 이야기인지 난 하나도 모르지만요."

"환수와 환수 아빠가 멋진 생각을 해냈구나. 말은 못하지만 다양한 방법으로 의사소통을 하는 동물들처럼 말이야."

"동물들도 각자 말이 있잖아요. 개는 '컹컹', 고양이는 '야옹야옹', 말은 '히힝', 닭은 '꼬끼오' 하고 말이에요."

"오, 제법이구나. 하지만 그런 소리들로는 모든 걸 표현할 수가 없단다. 예를 들면 고양이 꼬리가 빳빳하게 섰다면 무슨 뜻일까?"

"그야……."

종현이가 우물쭈물합니다.

"잘 모르지요. 헤헤."

"그건 경계의 몸짓이란다. 동물들은 소리 말고도 몸짓으로 다양한 의사 표현을 하지. 냄새를 풍기기도 하고 말이야. 냄새는 동물들이 서로 이야기를 주고받는 데 아주 중요한 역할을 해."

"동물들이 화남, 기쁨, 즐거움 등의 다양한 감정 표현을 모두 한단 말이에요?"

"동물들은 그렇게 다양한 이야기를 나누지 않는단다. 동물들이 서로 신호를 주고받는 건 오로지 먹고사는 것과 자손을 남기기 위한 목적 때문이야. 동물들 중에 가장 복잡하게 의사소통을 한다는 벨벳원숭이들조차도 겨우 공격하는 동물에 따라 위험을 알리는 소리가 달라지는 정도니까."

"아빠, 우리도 독특한 신호를 정하면 어때요?"

"좋아, 재미있겠다. 어떤 게 좋을까?"

"다음 경기 땐 아빠가 한쪽 눈을 깜빡이고 오른손을 들어 주세요."

"이렇게 말이지?"

아빠가 엄지를 치켜들고 윙크를 합니다. 종현이가 잠시 생각에 빠집니다.

"아빠! 아빠가 큰 소리로 응원할 때에 정말 기분이 좋았어요."

"하하, 아빠도 '파이팅!' 하고 크게 외쳐야 응원하는 맛이 나더라."

역시 종현이와 아빠는 마음이 잘 통한다니까요.

"우리 이 신호는 엄마 몰래 주고받는 신호로 이용하자. 어때?"

"네, 좋아요!"

더 알고싶어요!

Q 동물들의 가지가지 의사소통

침팬지들이 손을 뻗는다면 그건 사귀고 싶다는 뜻이래요. 손을 휘휘 내저으면 가라는 뜻이고요. 낯선 침입자를 보면 으르렁거리며 사납게 굴지요. 어서 가 버리라는 경고랍니다. 형제들끼리 싸우고 나선 입을 삐죽거리거나 토라지기도 합니다.

아프리카에 사는 벨벳원숭이들은 적에 따라 신호음을 다르게 내지요. 하늘에 독수리가 나타나면 풀숲에 숨으라고 소리치고, 표범이 나타나면 나무 위에 올라가라고 소리칩니다. 뱀이 나타나면 풀밭을 살펴보라고 소리쳐요.

늑대들이 울부짖는 건 함께 사냥을 나가자는 신호이지요. 먼 데 있는 무리와 이야기할 때도 울부짖어요. 늑대는 서열을 아주 중요하게 생각하지요. 늑대의 무리 중에서 대장을 찾는 건 아주 쉬워요. 대장은 꼬리를 빳빳이 치켜들고 목 둘레에 난 털을 부풀려요. 나머지 늑대들은 대장의 코를 핥거나 자신의 꼬리를 꽁무니에 접고 낑낑 소리를 내며 충성을 맹세합니다.

Q 화가 나면 침을 뱉는 동물도 있다고요?

낙타의 일종인 과나코는 화가 나거나 놀라면 특이한 행동을 합니다. 큰 귀를 머리 뒤로 접고 상대방을 노려보면서 침을 뱉어요. 일단 싸움이 시작되면 3분 이상 서로의 얼굴에 침을 뱉어요. 마지막으로 먹었던 음식을 게워 함께 뱉기도 합니다. 꽤나 지저분하지요? 침 뱉기 싸움에서 진 과나코는 더 이상 침을 맞지 않으려고 얼른 도망친대요.

Q 초저주파란 무엇인가요?

소리의 높고 낮음은 진동수의 많고 적음에 따라 정해집니다. 사람이 귀로 들을 수 있는 주파수는 20~20000Hz예요. 20Hz보다 낮은 소리는 들을 수가 없어요. 이 초저주파를 이용해 의사소통을 하는 동물들이 있습니다.

코끼리가 무리를 이루어 이동하는 비결이 바로 초저주파로 의사소통을 하기 때문이에요. 최근에는 기린도 초저주파를 이용한다고 밝혀졌습니다. 사람들과 육식 동물들이 알아듣지 못하도록 하기 위해서겠지요? 반대로 사람이 알아들을 수 없을 만큼 높은 소리를 초음파라고 해요. 박쥐와 돌고래가 초음파를 이용해 의사소통을 합니다.

체온

왜 개는 혀를 쭉 빼고 있을까?

"아빠, 아빠, 큰일 났어!"

정은이가 숨을 헐떡이며 뛰어 들어왔어요. 신발 한 짝이 슝 날아 정은이를 따라 들어왔지요. 궁금한 건 못 참는 정은이를 닮았나 봐요.

"어휴, 이 땀 좀 봐. 그래, 뭐가 큰일인데?"

아빠는 소파에 앉아 동물 다큐멘터리를 보고 있던 중이었어요.

"응, 미주네 강아지 깜순이 말이야. 미주랑 나랑 깜순이랑 공원에서 신나게 뛰어놀았거든. 그런데 갑자기 깜순이가 혀를 내밀고 헐떡거리는 거야. 마치 죽을 것처럼."

"저런, 큰일이구나."

큰일 났다고 하면서도 아빠는 웃고 있었어요.

"미주가 걱정이 되어서 깜순이를 데리고 집으로 막 달려갔어. 깜순이가 병에 걸렸으면 어쩌지."

얼마 전에 미주 아빠는 할머니가 계신 시골에 가서 까만 강아지 깜순이를 데려왔어요. 정은이는 요 며칠 동안 미주네 집에서 깜순이와 함께 놀았지요.

"깜순이가 정말 큰 병에 걸린 것 같은데. 저 텔레비전 속의 악어처럼 말이야."

텔레비전 속에는 악어가 입을 한껏 벌린 채 꼼짝하지 않고 있었지요.

"어떡해, 아빠."

"음, 좋은 방법이 있긴 하지."

"뭔데? 응?"

정은이가 아빠를 졸라 대자 아빠는 빙그레 웃으며 말씀하셨어요.

"하하, 병에 걸린 게 아니란다. 조금 기다려 주기만 하면 돼. 이 땀 좀 봐. 정은아, 땀이 왜 나는지 아니?"

"그거야 더우니까 그렇지. 더우면 땀이 나는 게 당연하잖아."

"그게 왜 당연하지?"

정은이는 곰곰 생각에 잠겼어요. 땀이 나는 건 늘 있는 일이었지만 왜 그런지는 생각해 보지 않았거든요.

"네 몸에 열이 나면 몸은 그 열을 내리고 싶어 한단다. 항상 일정한 온도를 유지하려고 말이야. 다행히 사람에게는 땀샘이 있어서 작은 구멍으로 땀을 내보내지. 그 땀이 마르면서 열도 함께 가져가서 우리 몸의 체온을 유지시키는 거야."

정은이가 고개를 끄덕이다가 이내 갸우뚱거렸지요.

"내가 땀 흘리는 거랑 깜순이 병이랑 무슨 상관인데?"

"강아지에게는 땀샘이 없거든. 몸 안의 열을 내보내려고 혀를 쑥 내밀고 있는 거란다."

"다행이다. 깜순이가 병에 걸린 건 아니네."

"물론 아니지. 그러니까 걱정 말고 흐르는 땀이나 깨끗이 씻으세요, 공주님!"

"사람도 땀샘이 없었으면 좋겠어. 그러면 땀도 안 날 테고, 씻지 않아도 되니까."

"너도 깜순이처럼 혀를 쑥 빼고 있어야 할걸."

아빠의 말에 정은이는 깔깔깔 웃었어요. 너무 더워서 강아지처럼 혀를 쑥 빼고 헉헉거릴 얼굴이 떠올라서요.

더 알고싶어요!

Q 정온 동물

바깥 온도에 관계없이 체온을 항상 일정하게 유지하는 동물을 정온 동물이라고 해요. 사람을 포함한 대부분의 포유류와 조류가 정온 동물에 속하지요. 사람은 37도 정도에서, 개는 37~40도 사이에서 체온을 유지하려고 해요. 사람은 열이 나면 땀구멍으로 땀을 내어 몸 안의 열을 밖으로 내보냅니다.

Q 변온 동물

체온을 조절하는 능력이 없어서 바깥 온도에 따라 체온이 변하는 동물을 변온 동물이라고 해요. 대부분의 파충류가 변온 동물이에요. 변온 동물은 바깥의 온도에 영향을 많이 받지요.

악어는 스스로 몸의 온도를 조절하지 못해요. 온도 조절을 위해서 악어는 햇볕이 내리쬐는 화창한 날에는 일광욕으로 몸을 덥혀요. 그러다가 너무 뜨거우면 물속으로 들어가서 몸을 식혀요. 가끔은 입을 벌리고 입안의 수분을 증발시켜 몸의 온도를 조절하기도 합니다.

Q 개는 정말 땀샘이 없나요?

　개도 땀샘이 있습니다. 발바닥과 콧등에 약간 있지요. 하지만 몸 안의 열을 식혀 주기에 많이 부족합니다. 그래서 개나 고양이처럼 몸집에 비해 입이 큰 동물은 헐떡거림을 통해 열을 내보내지요. 개나 고양이가 더운 여름날에 얕고 빠르게 호흡할 때에 혓바닥을 자세히 보면 땀방울이 많이 맺혀 있답니다.

Q 땀샘이 없는 동물은 어떻게 열을 식히나요?

　땀을 통해 열을 내보내지 못하니까 더우면 시원한 나무 그늘 아래에 있거나 물속으로 풍덩 뛰어드는 수밖에 없습니다.

　땀 대신 침을 이용해 몸의 온도를 조절하는 동물도 있어요. 쥐는 가슴과 배, 옆구리에 침을 바른 다음, 다리를 이용해 몸 전체에 펴 발라요.

　코끼리는 긴 코로 물을 머금어 머리, 등, 옆구리 등에 뿜어요. 물이 없는 경우에는 긴 코를 입안에 넣어 침을 머금어 몸에 뿜지요. 침이 증발하면서 열도 함께 날아갑니다.

극지방에 사는 동물

어떻게 추위를 견디지?

"루돌프 사슴은 왜 코가 빨개요?"
지훈이가 아빠에게 묻습니다.
"기생충 때문이란다."
"네?"
지훈이가 크게 소리를 지르는 바람에 약상자 손잡이를 접착제로 붙이던 아빠는 깜짝 놀라 약상자를 떨어뜨리고 말았어요.
"정말이에요?"
"그, 그래."
지훈이가 너무 놀라니까 아빠가 말을 더듬습니다.

"깜깜한 밤에 루돌프 사슴이 빛나는 코로 길을 밝혀 주었다는 말을 믿지는 않았지만 기생충이라니! 완전히 꿈이 깨지는 기분이에요."

"그 루돌프 사슴이 바로 순록인데, 순록은 몹시 추운 툰드라에 살거든. 순록의 콧등에는 털이 많아서 기생충이 살기에 안성맞춤이지."

"툰드라는 어떤 곳이에요? 그래도 북극보다는 덜 춥겠죠?"

지훈이가 물었어요.

"어디부터 어디까지를 북극이라고 해야겠니? 북극곰이 보이는 데에서 안 보이는 데까지?"

이건 지훈이가 한 번도 생각해 보지 않은 문제였어요.

"글쎄요."

"북극의 얼음 덮인 지역을 조금 벗어나면 이끼 같은 풀이 자라는 곳이 있단다. 말하자면

툰드라는 북극에 붙어 있는 넓은 벌판이란다."
"거기에도 동물이 살아요?"
"순록들이 거기 산다니까. 북극의 얼음 덮인 곳에는 북극곰, 물개와 물범, 바다코끼리 같은 동물들이 살고, 툰드라에는 눈토끼, 여우, 순록, 북극늑대, 사향소, 나그네쥐 등이 산단다."
"어떻게 나무도 없고, 추운 곳에 그렇게 많은 동물들이 살 수 있을까요?"
"대부분 여름에만 북극 지방에서 오는 뜨내기들이지. 여름철의 툰드라는 먹이가 풍부하고 잡아먹으려는 동물들도 많지 않아서 새끼를 낳아 기르기에 아주 좋단다. 초식 동물인 소도 다른 지역보다 많지 않아서 먹이나 보금자리 때문에 서로 싸우지 않아도 되고 말이야."
아빠가 말했어요.

"휴, 그래도 전 추운 건 정말 싫어요. 저 같으면 북극에는 안 가겠어요."

"툰드라에 사는 동물들은 나름대로 추운 날씨를 이겨 내는 방법들을 가지고 있지. 사향소들은 무

리를 지어서 생활해. 열을 많이 뺏기지 않으려고 말이다. 게다가 추워지면 털이 더 길어지고 빽빽해지지."

"그래도 작은 동물들에게는 북극 생활이 힘들 것 같은데요?"

"그렇지. 그래서 나그네쥐들은 겨울이 오면 꽁꽁 언 눈 밑에 굴을 파고 산단다. 여름 내내 저장해 둔 먹이를 먹으면서."

지훈이는 몸을 부르르 떨었어요. 생각만 해도 추웠거든요.

"추워서 얼지 않아요?"

"눈 밑은 생각보다 따뜻해서 괜찮아. 봄이 와서 눈이 녹으면 먹이를 찾기 위해 굴을 떠나지."

아빠가 약상자 손잡이를 다 붙이고 나서 옆으로 밀어 놓았어요.

"생명은 신비로운 거야. 살기 어려운 척박한 곳에서도 잘 적응하며 살아가고 있으니까 말이야."

아빠의 말에 지훈이는 가만히 고개를 끄덕입니다.

더 알고싶어요!

Q 극지방에도 동물이 사나요?

남극과 북극은 각각 지구의 양쪽 끝에 있어요. 얼음으로 뒤덮여 있는 남극과 북극은 똑같아 보이지만 많이 다릅니다. 남극은 육지에 얼음이 덮여 있고, 북극은 꽁꽁 언 바다라고 생각하면 돼요. 그 바다를 육지가 에워싸고 있는 거고요. 추운 극지방에서 생물이 살 수 있는 가장 큰 이유는 햇빛이 있기 때문이에요. 햇빛을 받고 식물 플랑크톤이 자라기 때문에 그걸 잡아먹는 동물 플랑크톤이 살 수 있고, 동물 플랑크톤을 먹는 작은 고기들도 모여듭니다. 그러면 작은 물고기를 먹는 큰 물고기가 모여들게 되고요.

Q 나그네쥐는 왜 절벽에서 뛰어내리나요?

북극의 툰드라에 사는 나그네쥐는 일 년 내내 새끼를 낳지요. 한꺼번에 일곱 마리 정도를 낳아요. 새끼들은 2~3주만 지나면 새끼를 낳을 수 있을 만큼 자라요. 식물이라면 이것저것 가리지 않고 뭐든지 잘 먹기 때문에 늘어나는 나그네쥐의 수에 비해 먹을 것이 금방 모자라지요. 그러면 나그네쥐들은 떼를 지어 풀이 있는 곳을 찾아다닙니다. 앞으로만 가는 습성 때문에 길을 잘못 들면 늪이나 바다에 한꺼번에 빠져 죽기도 해요. 동물학자들은 이런 나그네쥐의 습성을 이상하게 여겨 그 원인을 찾고 있지만, 아직까지 밝혀지지 않았어요.

Q 옛날 사람들은 펭귄을 새와 물고기의 잡종이라고 생각했다고요?

남극에서 흔히 볼 수 있는 동물은 펭귄이에요. 펭귄은 날지는 못하지만 바닷속에서 아주 잘 헤엄쳐 다니는 바다새입니다. 옛날 사람들은 펭귄을 새와 물고기의 중간쯤으로 생각했어요. 하지만 펭귄은 새입니다. 다른 새들처럼 깃털이 있고, 알을 낳으며, 체온이 언제나 똑같은 정온 동물이지요. 먼 옛날에는 자유롭게 하늘을 날아다녔을 거예요.

왜 지금은 비행 대신 수영을 잘하는 새가 되었냐고요? 아마도 남극에는 펭귄을 잡아먹는 동물들이 없어서 하늘로 달아날 필요가 없었기 때문이겠지요. 게다가 물속에는 맛난 먹이들이 많이 있으니 펭귄은 하늘보다 물속에 훨씬 매력을 느꼈을 거예요.

몸집이 작은 펭귄들은 주로 새우처럼 생긴 크릴을 먹고, 키가 1미터쯤 되는 황제펭귄과 임금펭귄은 오징어나 작은 물고기를 먹고 살아요. 엄마 황제펭귄은 알을 낳으면 바다로 나가 먹이를 잔뜩 먹어요. 아빠 황제펭귄이 혼자서 알을 돌보지요. 알을 발등에 올린 후 따뜻한 배털로 덮고 무려 두 달 동안이나 아무것도 먹지 않고 알이 깨어나기를 기다리지요. 알이 깨어날 때가 되면 아빠 황제펭귄의 몸무게는 절반으로 줄어듭니다. 알에서 아기가 깨어나면 엄마 황제펭귄이 돌아오고, 이번엔 아빠 황제펭귄이 맛있는 먹이를 먹고 살이 찌기 위해 바다로 나갑니다.

사막에 사는 동물

네가 여우니?

"왜 사막여우는 여우처럼 보이지 않아요?"
종현이는 '어린 왕자'를 읽는 중이었어요.
"귀는 왜 이렇게 큰 거죠? 크기는 얼마나 돼요? 다른 여우들처럼 토끼 같은 동물을 잡아먹을까요?"

아빠가 드디어 보던 책을 내려놓았어요.

"사막에는 토끼가 살지 않으니까 토끼는 먹지 않는단다. 사막에 사는 여러 생물을 먹지"

야호! 드디어 아빠의 관심을 끄는 데 성공했어요.

"사막여우는 엄청 작아. 몸무게

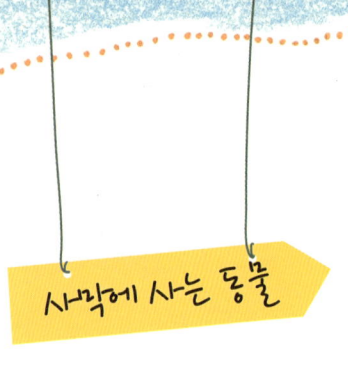

가 1.5 kg이니까 큼직한 포도송이 두 개를 합친 것만 하고, 몸길이는 겨우 30~40 cm 정도란다."

"작은 강아지만 하겠네요."

"그래. 사막 같이 좋지 않은 환경에서는 덩치가 큰 쪽이 오히려 살아가기 힘들기 때문이지."

아빠가 종현이가 들고 있던 책을 가리키며 말했어요.

"여기 귀 좀 봐라. 엄청나게 길지?"

"네. 왜 그런 거예요?"

"귀는 소리를 듣는 기관이기도 하지만 몸의 열을 밖으로 내보내는 기능도 한단다. 사막은 무척 덥잖니. 사막여우는 큰 귀로 체온을 조절하기 때문에 사막에서 살 수 있는 거란다."

종현이가 골똘히 생각하다가 고개를 끄덕거리며 말했어요.

"아하, 그래서 그런 거구나."

"뭐가 그래서 그렇다는 거니?"

"제가 더위를 못 참잖아요. 왜 그런가 했더니 제 귀가 유난히 작잖아요. 아마 열을 내보내지 못해서 그런가 봐요."

"원, 녀석."

아빠는 어이가 없다는 듯 웃었어요.

"그럼 북극에 사는 여우는 귀가 아주 작겠네요. 추우니까."

"오, 제법이구나."

아빠가 두 손을 맞잡으며 말했어요.

"정말로 북극여우는 귀가 아주 작단다. 열을 내보내지 않으려고 말이야. 종현아, 목이 마르구나. 물 한 잔만 가져다 주겠니?"

종현이가 쪼르르 달려가 물을 컵에 담아 옵니다.

"아, 시원하다."

아빠는 종현이가 건넨 컵의 물을 단숨에 마셔 버렸어요.

"늘 시원한 물을 찾는 아빠는 물 없는 사막에서는 살지 못할 거다."

"맞아요. 그런데 아빠, 사막의 낙타는 정말 물을 안 마시고도 살 수 있어요?"

"낙타는 좀 특별한 동물이지. 며칠 동안 물 없이도 살 수 있단다."

"어떻게 그럴 수 있는 거예요?"

"낙타에는 혹이 하나인 단봉낙타와 혹이 두 개인 쌍봉낙타가 있어. 혹 속에는 지방이 들어 있는데, 이 지방이 낙타에게 에너지와 물을 제공해 주지. 낙타가 물을 먹지 않으면 혹이 점점 작아진단다."

"그러다가 물을 마시면 다시 커지는 거군요?"

"그래."

"왜 동물들은 살기 힘든 사막을 떠나지 않고 계속 살고 있는 거지요? 사막엔 물도 없고, 나무와 풀도 거의 없잖아요."

"사막에도 장점은 있지. 무시무시한 육식 동물들이 살지 않으니까 그만큼 생명에 위협을 느끼지 않아도 된단다."

"하지만 무더운 날씨가 생명을 위협하잖아요."

"동물 세계는 어디에나 위험이 있단다. 신기하게도 동물들은 그런 위험들을 잘 극복하며 살아가지."

더 알고싶어요!

Q 사막에서도 잘 견뎌요

사막은 생물이 살아가는 데 아주 안 좋은 환경인데도 불구하고 많은 동물들이 살고 있어요. 사막에 사는 동물들은 무더위와 싸워야 하고 건조한 날씨를 견뎌야 하지요. 대부분의 동물들이 낮에는 그늘이나 땅속에 굴을 파고 지내요. 몸 안의 수분을 내보내지 않기 위해 땀도 흘리지 않고 소변도 거의 안 보기도 하지요.

낙타는 건조한 사막에 알맞은 동물이에요. 발바닥이 넓적해서 모래 속에 빠지지 않아요. 가슴과 무릎에는 굳은살이 박여 있어서 딱딱한 땅에서도 편히 쉴 수 있지요. 콧구멍을 마음대로 열고 닫을 수 있어서 모래 폭풍이 불 때에는 콧구멍을 잠시 닫습니다. 속눈썹은 길게 두 줄로 나 있어서 모래가 눈에 들어갈 염려도 없지요. 커다란 혹이 든든한 에너지 저장고 구실을 하기 때문에 며칠 동안 먹지 않고도 살 수 있어요. 낙타는 130~180 kg의 짐을 싣고 한 시간에 5 km를 몇 달 동안이나 갈 수 있을 정도로 힘이 셉니다.

Q 사막에는 파충류가 많이 산다고요?

사막에는 여러 종류의 도마뱀과 뱀이 살아요. 파충류는 냉혈 동물이기 때문에 사막에서도 잘 견디지요. 파충류의 비늘이 수분의 증발을 막아 주기도 하고요. 하지만 아무리 파충류라고 해도 뜨거운 사막에서 몇 시간씩 버틸 수는 없습니다. 그래서 땅속에 숨어 지내거나 서늘한 그늘에서 생활하지요.

Q 물이 부족한 사막에도 먹이 연쇄가 있나요?

녹색 식물을 먹는 작은 곤충, 작은 동물을 잡아먹는 전갈류, 뱀이나 하이에나 같은 육식 동물들이 먹이 연쇄를 이루지요. 사막에서 여러 동물들이 살 수 있는 건 녹색 식물이 있기 때문이에요. 녹색 식물이 사라져 버려서 먹이 균형이 깨진 곳에서는 아무도 살 수가 없습니다.

멸종 위기의 동물

동물들을 보호해요

전화를 끊은 아빠의 표정이 어두웠어요.

"할머니가 독감으로 병원에 입원하셨다는구나!"

"어떡하죠? 병문안 가야겠어요."

할머니는 종현이를 정말 예뻐하시거든요. 물론 종현이도 할머니를 무지 좋아하고요.

"그래. 하지만 넌 안 되겠다."

"왜요?"

"독감이 옮을 수도 있으니까. 널 데려갔다간 엄마, 아빠가 할머니에게 혼날 거야. 내일이면 퇴원하신다니 그때 가서 뵙자."

"말도 안 돼."

종현이는 부루퉁해져서 퉁명스레 말했지요.

"엄마가 퇴근하면 다녀올 테니까 넌 집 잘 보고 있어. 절대로 아무나 문 열어 주지 말고."

"치, 늑대가 엄마인 척 '엄마다!' 하면 문을 열어 줄 거예요."

심술부리는 걸 보니 화가 잔뜩 난 모양입니다.

"하하하, 그러렴. 아빠는 늑대 걱정은 하지 않아."

"그럼 할머니처럼 변장한 호랑이한테 문을 열어 주죠, 뭐."

"호랑이도 걱정이 안 되는걸? 절대 오지 않을 테니까."

"왜요?"

종현이도 늑대나 호랑이가 나오는 옛날이야기를 다 믿는 건 아니에요. 하지만 혹시 모르는 일이잖아요. 늑대나 호랑이가 어슬렁거리며 마을을 돌아다닐지도요.

"아빠랑 네가 깊은 산속에서 길을 잃는다고 하더라도 늑대나 호랑이를 만나기는 어려워졌어. 동물원에 가지 않는 이상 말이다."

"네?"

"늑대와 호랑이는 멸종 위기에 처해 있으니까 말이야."

"늑대와 호랑이가요? 학이나 판다 같은 동물들만 멸종 위기에 처한 줄 알았는데요."

종현이는 믿을 수가 없었지요. 분명히 아빠가 뭔가 잘못 알고 있을 거예요.

"늑대와 호랑이뿐만 아니라 코뿔소, 하마, 악어 등의 동물들도 멸종 위기에 처해 있단다."

"환경 오염 때문인가요?"

"그래. 무분별한 개발과 환경 파괴 때문이지. 심지어 사람들의 사치 때문에 사라지는 동물들도 많단다."

"아, 모피 코트를 말씀하시는 거죠?"

종현이는 멸종 위기에 처한 동물 이야기에 정신이 팔려 할머니 병문안을 못 가는 서운한 마음도 잊었나 봐요.

"맞아. 모피 코트 때문에 멸종한 동물들도 있지. 고급 벨트나 핸드백을 만들기 위해 수많은 악어가 희생되기도 했고, 코뿔소의 뿔을 갈아서 마시면 힘이 솟는다는 이상한 소문 때문에 여러 마리의 코뿔소가 사라지기도 했단다."

"맙소사. 정말 끔찍해요."

"그래."

그때 전화벨이 울렸어요.

"엄마가 아빠더러 큰길까지 나오라는구나."

아빠가 점퍼를 꺼내 들며 말했어요.

"문단속 잘하렴."

아빠는 현관에 나가 신발을 신었어요.

"야생 동물들처럼 저더러 사람을 조심하라는 말씀이지요?"

"그래. 인정하기는 싫지만 때때로 몇몇 사람들은 조심할 필요가 있단다."

아빠가 씁쓸한 미소를 지었어요.

더 알고싶어요!

Q 사람이 무서워요

고양이과 동물들은 대부분 멸종 위기에 있습니다. 치타, 살쾡이, 표범까지. 모두 모피 코트를 만들기 위해 희생되었지요. 모피 코트 하나를 만들려면 큰 살쾡이가 20마리 이상 필요합니다.

바다장수거북은 딱딱한 등딱지가 없는 독특한 종류의 거북입니다. 바다장수거북이 알을 낳기 위해 모래밭으로 나오면 사냥꾼들이 잡아갑니다. 수프를 끓여 먹기 위해서지요.

어떤 사람들은 코뿔소를 보호하기 위해서는 사람들이 노리는 뿔을 잘라 버려야 한다고 말하기까지 합니다. 하지만 코뿔소에게 뿔은 자신을 지키고 과시하는 수단이지요. 게다가 한번 잘려 나가면 다시 자라나지도 않고요. 뿔이 잘려 나간 코뿔소의 심정이 어떨까요? 사실 코뿔소의 뿔은 우리의 손톱이나 머리카락과 똑같은 물질로 이루어졌다고 해요. 뿔을 갈아 마신다고 해서 특별한 힘이 생기지는 않겠지요.

잘못된 지식 때문에 동물들이 희생되지 않도록 사람들에게 정확한 정보를 알려 줘야 해요.

Q 멸종 위기에 처한 판다는 어떤 동물인가요?

판다는 중국의 고산 지대에서 대나무를 먹으며 살아요. 주로 땅 위에서 생활하지만 나무도 잘 탑니다. 앞발로 나무를 붙잡고 뒷발의 발톱에다 몸을 지탱하며 기어 올라가지요. 판다는 큰 나무의 그루터기나 통나무에 구멍을 뚫어 만든 보금자리에서 자주 낮잠을 잡니다. 겨울잠을 자지 않는 판다는 한겨울에도 먹이를 찾아 부지런히 움직여요.

Q 사람을 구한 돌고래도 있다고요?

백상아리에 공격당할 뻔한 사람을 이라와디 돌고래가 구해 주었다는 이야기가 있습니다. 이라와디 돌고래의 등은 검은빛을 띤 청색이고, 배는 흰색입니다. 호주 북쪽 지역과 아시아 남쪽 지역에 살았는데, 최근에는 많은 곳에서 사라지고 메콩 강에서 극소수만 살고 있다더군요. 어망이나 게를 잡기 위한 통발에 걸려 죽는 경우가 가장 많습니다. 이와 더불어 서식지 감소 등으로 멸종 위기에 처해 있습니다. 이라와디 돌고래는 세계 야생 동물 기금이 뽑은 '가장 위험에 처한 생물 10가지' 가운데 하나입니다.

도구를 사용하는 동물

영리한 침팬지

"자, 아가. 일어나야지."

"엄마, 조금만 더 자면 안 될까요?"

"어서 밥 먹고 엄마랑 학교 가야지."

엄마 침팬지는 아기 침팬지를 업고 학교에 갑니다. 침팬지도 학교에 가느냐고요? 그럼요. 사람만 학교에 가는 줄 알았나요?

침팬지 학교에는 교실도, 선생님도 없습니다. 침팬지 학교의 교실은 넓은 숲이고, 침팬지의 선생님은 다정한 엄마이니까요.

엄마 침팬지가 호두 몇 알을 바닥에 내려놓았어요. 그리고 숲 속을 이리저리 헤매다가 도끼처럼 생긴 돌멩이를 주워 오지요. 아기 침팬지도 엄마 침팬지를 따라 엉덩이를 씰룩거리며 뒤뚱뒤뚱 돌아다녀요. 그러고는 자그마한 돌멩이를 주워 오지요.

엄마 침팬지는 기다란 돌의 뾰족한 부분을 손으로 잡고 뭉툭한 부분으로 호두를 내리치지요. 마치 망치를 든 것처럼요.

쩍.

호두가 갈라지자 엄마가 맛있는 호두를 꺼내 입으로 가져갑니다.

오물오물 냠냠.

아기 침팬지도 호두를 돌로 내리쳤어요.

"앗, 아야! 앙앙."

작은 돌멩이로 호두를 내리쳤지만, 호두알 대신 손가락에 맞아서 몹시 아파요.

"아가, 이렇게 길쭉한 돌멩이를 주워 와야지."

아기 침팬지가 엉덩이를 흔들며 숲을 이리저리 다니지요. 이번엔 제법 길쭉한 돌멩이를 구해 왔어요. 하지만 이번에도 호두알을 맞추지는 못했어요. 돌멩이를 내리쳐서 호두알을 깨뜨리는 건 아기 침팬지에게 무척 어려운 일입니다. 몇 번을 반복해도 호두알은 깨지지 않았어요.

"싫어. 나 안 해. 엄마가 까 줘. 난 하기 싫단 말이야."

"아가, 조금만 더 해 보자."

숲 속의 동물 학교 선생님인 엄마 침팬지는 서두르지도, 혼내지도 않습니다. 아기 침팬지가 잘할 때까지 기다릴 뿐이지요. 아기 침팬지는 이제 겨우 세 살이고, 능숙하게 호두를 까먹으려면 열 살은 되어야 한다는 걸 엄마는 잘 알고 있기 때문이에요.

호두 까기 수업이 끝나면 간식 시간이에요. 엄마 침팬지는 오늘 간식으로 개미를 먹을 생각이었어요. 엄마 침팬지는 개미집에 집어넣을 적당한 나뭇가지를 찾으러 갑니다. 물론 아기 침팬지도 엄마를 쫓아가지요. 엄마 뒤를 졸졸 따라다니면서 엄마 침팬지가 나뭇가지를 고르는 걸 지켜봐요. 이것 역시 아주 중요한 공부이니까요.

"나뭇가지가 너무 딱딱하면 개미굴에 들어가지 않고, 너무 연하면 꼬불꼬불한 개미집에 들어가기가 쉽지 않단다."

딱 맞는 나뭇가지를 찾는 건 엄마 침팬지에게도 쉽지만은 않아요. 드디어 엄마 침팬지가 나뭇가지를 찾았어요. 잎을 전부 떼어 내고 개미굴 속으로 쑥 집어넣었어요. 잠시 후 나뭇가지를 살살 빼내자 맛있는 개미가 잔뜩 달라붙어 있었어요.

"와, 맛있겠다."

엄마 침팬지와 아기 침팬지는 개미를 나누어 먹었어요. 언젠가는 아기 침팬지도 혼자 힘으로 개미 간식을 구해 먹을 수 있겠지요?

손으로 나누는 의사 표현 방법, 나무 열매를 따 먹는 방법, 가려운 데를 긁는 방법, 적을 피하는 방법까지 아기 침팬지가 스스로 살아가기 위해 배워야 할 것들은 무척 많습니다. 평소에 동물들은 학교에 가지 않는다고 부러워한 친구들이 있나요?

그렇다면 부러워하지 않아도 돼요. 동물들 역시 살아가기 위해 많은 것을 배워야 하니까요.

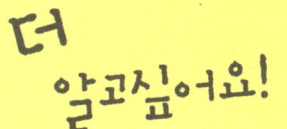
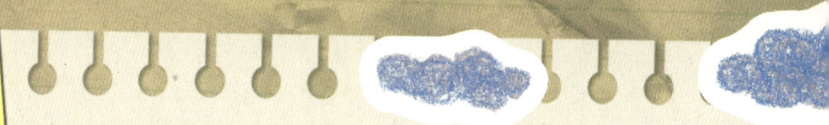

Q 화가가 된 정자새

정자새의 수컷은 번식기가 되면 독특한 방법으로 암컷을 유혹합니다. 잔가지를 물고 와 보금자리를 잘 짓지요. 그런 다음 보금자리를 유리 조각 등으로 장식합니다. 자신이 제일 좋아하는 색으로 물도 들입니다. 산딸기나 블루베리를 밟아 즙을 낸 다음, 나뭇가지를 붓 삼아 색을 칠합니다. 잔가지에 침을 바른 다음에 과일즙을 묻혀 쓱쓱 칠하는 걸 보면 화가가 따로 없습니다.

Q 사람을 이용해 먹이를 먹는 새

까마귀는 아주 영리한 새로 이름이 나 있지요. 까마귀는 갈고리 모양으로 생긴 가지를 꺾어 죽은 둥치 속에 숨어 있는 벌레들을 꺼내 먹어요. 일본에 사는 까마귀는 호두를 도로에 놓고 자동차가 그 위를 지나가기를 기다리지요. 자동차가 딱딱한 호두 껍데기를 깨뜨리고 지나가면 다가가 호두 속살을 편하게 꺼내 먹습니다.

Q 미끼를 던져 낚시하는 새도 있다고요?

검은댕기해오라기는 사람처럼 미끼를 던져 낚시를 합니다. 깃털이나 작은 곤충을 잡아 물 위에 띄운 후, 물고기가 와서 미끼를 물 때까지 가만히 기다리지요. 전혀 움직이지 않고 있다가 물고기가 미끼를 무는 순간에 긴 부리로 물고기를 찔러서 잡아요. 오래 기다려도 물고기가 나타나지 않으면 미끼를 물고 다른 장소로 이동합니다. 사람들이 낚시를 하는 것과 정말 비슷하죠?

Q 배우고 연습하면 더 잘해요

침팬지는 나뭇가지를 이용해 과일을 따 먹고, 가려운 데를 긁기도 합니다. 나뭇잎을 꽉 짜서 물을 마시기도 해요. 물론 모든 건 어미가 하는 걸 보고 배운 것이지요. 침팬지는 훈련을 하면 연필도 사용합니다. 훈련 받은 침팬지가 간단한 수화를 하는 것도 이미 밝혀진 사실이지요.

해달은 바다에서 나는 조개류를 먹어요. 해달은 배 위에 돌멩이를 올려놓고 편안히 누워 돌로 전복이나 조개껍데기를 깨뜨려 먹기도 합니다. 게잡이몽구스는 알을 먹을 때에 가끔 단단한 바위에 알을 던져서 깨뜨려 먹습니다.

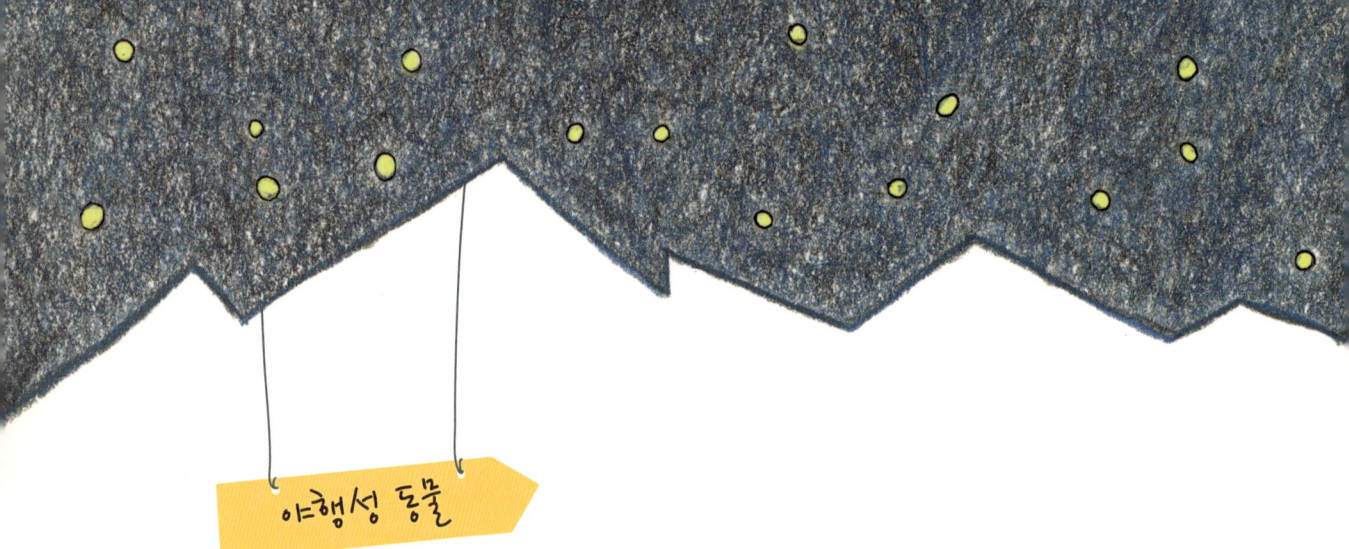

야행성 동물

낮이 더 무서워

"밤을 무서워하는 박쥐도 있나요?"

밤을 무서워하는 승민이가 선생님에게 묻습니다. 오늘 과학 시간엔 야행성 동물에 대해 공부하거든요.

"글쎄, 잘 모르겠네. 선생님이 박쥐가 되어 보지 않아서 말이야."

이렇게 말하고 선생님은 방긋 웃었어요.

"선생님 생각에는 대부분 박쥐들은 낮을 더 무서워할 것 같구나."

"낮을 더 무서워한다고요?"

종현이가 물었어요.

"그럼. 그렇지 않다면 밤에만 다닐 리가 없잖아. 우리가 잠든 깊은 밤

에 숲을 몰래 들여다본다면 의외로 많은 동물들이 다닌다는 걸 알 수 있을 거야. 물론 낮에 활동하는 동물들이 더 많지만."
"왜 밤에만 다닐까요?"
교탁 아래에서 턱을 괴고 있던 은지가 물었어요.
"곤충을 잡아먹는 박쥐를 예로 들어 보자. 박쥐는 포유류 중에 유일하게 날개를 가지고 있어. 하지만 조류의 날개와 비교해 보면 여러 가지 면에서 훨씬 능력이 떨어지지. 만약 박쥐가 낮에 먹이를 구한다면 새들과 경쟁해야 하고, 그건 여러 가지 면에서 박쥐에게 불리하지. 결국 박쥐들은 새들이 다니지 않는 밤을 선택한 거야."
"밤에 다니는 동물들은 낮에 다니는 동물들보다 능력이 없는 거예요?"
승태가 질문을 했어요.
"꼭 그렇지는 않아. 하지만 몇몇 종류는 그래. 나무늘보처럼 느리고 별다른 방어 능력이 없는 동물들은 낮에 자고 밤에 활동하니까."
"와! 그래도 아무것도 보이지 않는 깜깜한 밤에

먹이를 잡으려면 더 힘들지 않을까요?"

지희가 의자에 등을 기대고 물었어요.

"그래서 밤에 활동하기 적합하도록 진화했어. 박쥐는 시력이 약하지만 뛰어난 청력을 갖고 있지. 먹잇감에 부딪혀 반사되는 아주 미세한 소리만으로도 위치를 파악할 정도니까. 안경원숭이는 커다란 눈 덕택에 밤에도 잘 볼 수 있어. 참, 사막처럼 더운 곳에 사는 동물들도 대부분 더위를 피해서 밤에 활동을 하지."

야행성 동물들이 밤에만 다닌 건 그냥 밤이 좋아서가 아니라, 환경에 적응하기 위한 방법이었어요. 반 아이들은 야행성 동물들에게 박수라도 쳐 주고 싶어졌어요.

"밤에 다니는 독사인 살무사는 눈이 아주 나빠. 대신 눈과 콧구멍 사이에 있는 구멍으로 작은 온도의 변화를 느낄 수 있어. 온도로 다른 동물이 근처에 있는 걸 알기 때문에 시력이 좋을 필요가 없지. 뱀이 왜 혀를 날름거리는지 아니?"

"네."

아이들이 한꺼번에 대답했어요.

"혀로 냄새를 맡기 때문이에요."

은정이가 큰 소리로 말했어요.

"맞아. 정확하게 알고 있구나. 밤에 다니는 동물들은 나름대로의 방법으로 먹이를 잡아먹고 짝을 찾지. 동물 세계에서 가장 중요한 건 살아남는 것과 자식을 남기는 일이니까."
아이들 모두 고개를 끄덕입니다.
"자, 아직도 밤을 무서워하는 박쥐가 있다고 생각하니?"
"아니오."
반 아이들이 모두 소리칩니다. 선생님이 빙그레 웃었어요.

더 알고싶어요!

Q 사냥하기에는 밤이 더 좋아요

쥐는 밤에 다니지요. 사람들이 모두 잠든 후에 슬그머니 먹이를 찾으려고 나타납니다. 그러니 쥐를 잡아먹는 고양이 역시 밤에 다닐 수밖에요. 고양이는 소리에 아주 민감합니다. 아주 작은 소리도 들을 수 있지요. 쥐 역시 귀가 아주 밝아요. 잡아먹히는 동물이나 잡아먹는 동물 모두 살아남기 위해 소리를 듣는 감각이 발달한 경우이지요.

야행성 동물은 밤에 다니기 때문에 낮에 활동하는 동물과 부딪히지 않아요. 그래서 똑같은 나무 열매도 나누어 먹을 수 있고, 같은 종류의 곤충들도 다툼 없이 잡아먹을 수 있습니다.

나방 역시 환한 낮보다 더 안전한 밤을 선택했어요. 눈에 잘 띄지 않는 색으로 변장하고 다니지요. 늑대나 딩고도 밤에 주로 사냥해요. 뛰어난 사냥꾼이기는 하지만, 조심스럽게 사냥하기에는 어두컴컴한 밤이 더 안성맞춤이니까요.

지독한 악취를 쏘는 스컹크는 밤에도 가스를 내뿜습니다. 밤이라고 무조건 안전하지는 않으니까 스스로 자신을 보호하려는 것이죠.

Q 올빼미는 어떻게 밤에 사냥하나요?

먹이를 찾을 때에는 머리를 아래위, 왼쪽과 오른쪽으로 부지런히 움직이면서 잘 발달한 눈과 귀, 넓고 둥근 날개를 이용하여 소리없이 날아다닙니다. 양쪽 귀의 위치가 달라서 들리는 소리의

엇갈림을 이용하여 사물의 정확한 위치를 알아낼 수 있습니다.

Q 박쥐는 어두운 동굴에서 어떻게 사냥하나요?

박쥐가 사는 동굴에는 햇볕이 전혀 들지 않아서 어둡고 습해요. 그래서 박쥐는 초음파를 이용해 먹잇감을 찾습니다. 초음파는 사람이 알아들을 수 없을 만큼 높은 소리예요. 박쥐의 귀는 초음파를 잘 감지해서 주변 환경은 물론 먹이의 크기, 움직임, 질감까지 파악합니다. 동굴 안에 들어온 작은 곤충 하나도 박쥐의 초음파에는 꼼짝없이 들키고 말지요.

사람들은 박쥐에게서 배운 초음파를 이용하는 방법을 개발했어요. 초음파는 바닷속을 조사할 때는 물론이고, 우리 몸속에 있는 병을 알아내거나 치료할 때에도 사용됩니다. 사람에게 초음파를 통과시켜도 별다른 해를 끼치지 않기 때문이에요. 아기가 엄마의 배 속에 있을 때에 초음파를 반사시켜 아기의 건강을 미리 알아내기도 합니다.

꾀 많은 동물

여우처럼

"아, 아, 아파요."

승완이와 아빠는 레슬링 중이에요. 아빠가 공격하자 승완이가 소리를 지릅니다. 하지만 아빠가 손을 놓자마자 승완이가 바로 역습을 합니다.

"공격이다, 얍!"

"요 녀석, 아프다고 한 거 다 거짓이었구나!"

"히히, 가끔은 작전이 필요하다고요."

"작전?"

"힘으로 아빠를 이길 수 없으니까 아빠의 약한 부분을 공격하는 거죠. 예를 들

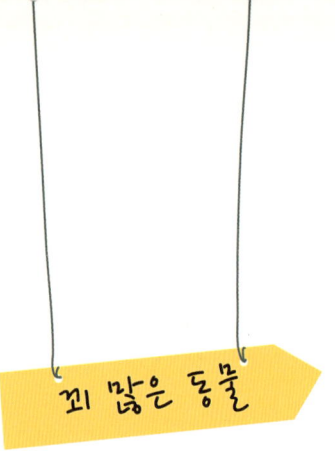

면 아들이 아플 때는 더 이상 공격하지 못한다는 약점이요."

승완이가 가쁜 숨을 몰아쉬며 말했어요.

"하하, 아빠의 약점까지 파악했니? 요런 여우 같은 녀석."

아빠가 승완이의 볼을 살짝 꼬집으며 웃습니다.

"여우요?"

"그래. 사람들이 여우더러 꾀가 많다고 하는 건 다 이유가 있지. 녀석은 대상에 따라 다르게 행동하거든."

"어떻게요?"

"초식 동물 중에는 적이 나타나면 죽은 척해서 위기를 넘기는 동물들이 있어. 다람쥐는 여우가 나타나면 죽은 척을 해. 이리저리 굴려 봐도 꼼짝하지 않으면 여우는 그냥 가 버린단다."

"위험하지 않나요?"

"위험하긴 하지. 하지만 그런 위험을 감수하고도 육식 동물을 쫓아 버릴 수 있다면 달아날 기회를 얻는 거니까 위급할 때에는 그 방법을 쓰는 거란다."

아빠 말에 승완이가 고개를 끄덕였어요.

"반대로 여우가 죽은 척을 할 때도 있어. 바로 토끼를 만났을 때지."
"에이, 설마 여우가 토끼를 무서워하겠어요?"
승완이는 아빠 말을 믿을 수가 없었어요.
"호기심 많은 토끼를 속이기 위해서야."
"토끼를 속인다고요?"
승완이가 의아해서 물었어요.
"그래. 토끼는 자신을 쫓던 여우가 갑자기 쓰러지면 도망가다 말고 멈추지. 여우에게 무슨 일이 생겼는지 궁금해서 못 견디는 거야. 그래서 살금살금 여우에게 다가가 살펴본단다."
"그럼 여우가 크아아앙!"
승완이가 손을 갈고리처럼 하고 여우가 토끼에게 달려드는 흉내를 냅니다.
"그래. 여우는 토끼의 약점을 이용한 거지. 호기심 많은 토끼가 어떻게 행동할지 짐작하고 있었던 거야."
"네, 그래서 아빠가 저더러 여우 같다고 하셨군요? 토끼가 조금 불쌍해요."
"응, 토끼 입장에서 보면 말이지."
"그건 또 무슨 말씀이세요?"
승완이가 아빠 말뜻을 알아차리지 못했나 봐요.

"초식 동물의 입장에서 보면 육식 동물은 항상 무시무시한 존재지. 하지만 아빠를 토끼라고 생각하지는 마라. 아빠가 토끼이고 네가 여우라면 아빠 체면이 말이 아니잖니."
승완이는 하하 웃고 말았습니다.

더 알고싶어요!

Q 꾀, 살아가기 위한 자신만의 몸짓

여우는 오소리가 버리고 간 보금자리에 들어가 살아요. 여우는 오소리의 집을 빼앗기 위해 일부러 오소리의 집 앞에 오줌을 싸서 지독한 냄새를 풍기지요. 오소리가 냄새 때문에 집을 버리고 떠나면, 그 집을 여우가 차지해요.

사냥개가 쫓아오면 여우는 사냥개를 따돌리기 위해 같은 길을 계속 맴돌아요. 뿐만 아니라 도망가는 중에도 자주 행동을 바꾸지요. 덤불 아래에 숨기도 하고, 나무들 사이를 지그재그로 돌기도 하면서 빠르게 방향을 바꾸어 사냥개가 쉽게 쫓아오지 못하게 만듭니다.

Q 진짜 놀라서 까무러치는 동물도 있다고요?

　　곤충이나 뱀, 다람쥐, 여우 등은 다른 동물을 속이기 위해 죽은 척합니다. 툭툭 건드려도 꿈쩍하지 않지요. 정말로 죽었다고 생각하고 다른 동물이 가 버리기 전까지는요.

　　하지만 정말 기절해 버리는 동물이 있습니다. 너구리는 놀라면 까무러치는 일이 많아요. 이런 너구리를 보고 동물들이 죽은 척하는 방법을 배웠을 거라고 생각하는 동물학자들도 있습니다.

Q 둥지에 적이 나타나면 어미 새들은 어떻게 하나요?

　　몇몇 종류의 어미 새는 적이 둥지에 나타나면 알이나 새끼를 보호하려고 날개를 퍼덕이거나 다리를 절룩거리면서 다른 곳으로 나갑니다. 다친 동물은 사냥하기가 쉽기 때문에 적들은 얼른 어미 새를 쫓아가요. 어미 새는 새끼들이 안전하다고 생각되는 곳까지 잡힐 듯 말 듯 적들을 유인하지요. 덩치가 큰 타조도 이 방법을 사용합니다.

독특한 생김새

뭐?
너도 알을 낳는다고?

"이 마을이 좋겠어. 여기에 집을 지어야지."
강가에 도착한 오리너구리는 적당한 장소를 찾고 굴을 파기 시작했어요.
"영차, 영차."
구슬땀을 흘리며 땅을 파고 집을 지었어요.
"이제 새로운 친구만 사귀면 되겠어."

오리너구리는 강을 떠다니는 오리 떼를 만났어요.
"멋지다. 드디어 친구를 사귈 수 있게 됐어."
오리너구리는 오리들에게 다가갔어요.
"안녕! 난 오리너구리라고 해. 너희들과 친구가 되고 싶어."
"너구리라고? 너구리와는 친구가 될 수 없어. 우린 물 위에서 생활하는 시간이 많거든."
예쁘장한 오리가 털을 부리로 다듬으며 말했어요.
"난 오리너구리라고. 부리를 좀 봐. 너희와 같잖아. 발가락 사이에 물갈퀴도 있고 말이야. 난 잠수도 잘해."
오리너구리가 말했어요.
"그래? 미안하지만 우리는 잠수를 안 해. 밤이 되면 숲에서 내려오는 너구리를 만나 봐. 이만 안녕."
오리 떼는 헤엄쳐 멀리 가 버렸어요.
오리너구리는 강가에서 밤이 되

기를 기다렸어요. 밤이 되자 무거운 몸을 뒤뚱거리며 누군가 다가왔어요.

"안녕, 네가 너구리니?"

"으악! 깜짝이야."

너구리는 화들짝 놀라 두어 걸음 뒤로 물러났어요.

"난 오리너구리라고 해. 너랑 친구가 되고 싶어서 잠도 안 자고 기다리고 있었어."

오리너구리가 침착하게 말했어요.

"나도 네 얘기는 들었어. 넌 알을 낳는다던데 사실이니?"

"응. 하지만 지금은 아니야. 좀 더 큰 다음엔 나도 알을 낳을 거야."

오리너구리가 자신 있게 말했어요.

"그래? 어쩌지. 우린 새끼를 낳는데. 너랑 친구하기는 힘들겠다."

"하지만 우리 오리너구리들도 젖을 먹인다고."

"중요한 건 알을 낳는다는 사실이야. 그리고 네 부리와 물갈퀴를 보렴. 물속에서 마음대로 다닐 수 있는 친구를 사귀는 게 나을 거야. 나처럼 산속에 사는 동물 말고."

오리너구리는 풀이 죽었어요. 친구 만들기가 이렇게 힘든 줄 몰랐거든요. 고개를 숙이고 웅크리고 앉아 있는데 바스락거리는 소리가 들렸어요.

"저, 네가 오리너구리니?"

"응."

오리너구리는 고개를 들었어요. 털이 가시처럼 뾰족뾰족 나 있는 두더지 한 마리가 오리너구리 앞에 있었어요.

"넌 누구니?"

"난 바늘두더지라고 해."

"너도 나랑 생김새가 많이 다른 걸 보니 우린 친구가 될 수 없겠구나."

"아니야. 너와 나는 비슷한 점이 많아. 나도 알을 낳고, 젖을 먹여."

"뭐? 너도 알을 낳는다고? 게다가 젖을 먹이고? 그럼 나와 친구가 되어 주겠니?"

"물론이야."

오리너구리는 기뻤어요.

"야호! 나도 친구가 생겼다."

더 알고싶어요!

Q 아무리 봐도 독특한 오리너구리

오리너구리는 호주에서 볼 수 있는 동물이에요. 강가에 땅굴을 파고 살면서 지렁이나 작은 물고기를 먹고살아요. 이름에서도 알 수 있듯이 부리가 오리처럼 생겼어요. 알을 낳고 알에서 깨어난 새끼에게 젖을 먹이지요. 오리너구리는 파충류, 조류, 양서류의 특징들을 모두 가지고 있어요.

처음에 동물학자들은 오리너구리를 포유류로 보지 않았어요. 나중에야 젖을 먹이는 게 포유류의 중요한 특징이라고 생각해서 오리너구리를 포유류로 인정했지요. 참, 오리너구리의 젖 역시 다른 동물들의 젖처럼 단백질과 지방으로 되어 있답니다.

Q 단단한 공처럼 변하는 동물

천산갑은 비늘이 온몸을 덮고 있는 포유류 동물이에요. 적이 나타나면 몸을 동그랗게 말고 목을 쏙 집어넣지요. 그러면 웬만한 육식 동물은 천산갑을 괴롭히거나 잡아먹지 못해요. 아르마딜로도 몸 전체가 비늘처럼 단단한 껍질로 둘러싸여 있지만 포유류입니다. 아르마딜로 역시 공처럼 몸을 말면 제아무리 날카로운 이빨을 가진 호랑이도 껍질을 뚫을 수 없습니다.

변신!

Q 공중을 나는 물고기

날치는 발달한 가슴지느러미를 마치 새의 날개 같이 펴고 바다 위를 날아다니는 독특한 물고기예요. 날치가 물 위를 날아다니는 것은 무언가에 놀랐거나 적에게 쫓겨 도망갈 때의 행동이지요. 높게 날 때는 2~3 m나 솟구쳐 오르고, 한 번에 나는 거리도 자그마치 300~400 m에 이릅니다.

물고기 가운데 점프 능력은 최고라고 할 만해요. 속도도 굉장히 빨라요. 꼬리지느러미를 움직여서 오른쪽, 왼쪽으로 마음대로 방향을 조절하지요. 날치는 멀리 날기 위해 몸을 가볍게 하느라 먹이를 배 안에 남기지 않습니다. 날치 말고도 숭어, 농어도 물 위로 높이 뛰어오를 때가 있어요.

새끼 돌보기

아빠는 캥거루

소미는 책꽂이를 정리하다가 낡은 앨범을 하나 발견했어요. 엄마, 아빠의 결혼식 사진, 소미가 아기였을 때의 사진 등이 가지런히 정리되어 있었지요.

"아빠, 이것 좀 보세요."

아빠가 태어난 지 4개월 된 소미를 안고 있는 사진이에요. 소미는 아빠를 보지 않고 카메라를 보고 있어요. 소미에게 아빠가 보는 세상을 보여 주려고 아빠가 소미를 돌려 안아서 그렇답니다. 마치 주머니 속에서 고개를 쏙 내민 캥거루 같았지요.

"새끼 캥거루가 세상 구경을 하고 있는 것 같구나."

"정말 캥거루를 닮았네요. 귀여워요!"

소미는 깔깔 웃었어요.

"사람도 캥거루처럼 주머니가 있었으면 좋겠어요. 아빠, 아기 캥거루는 주머니 속에서 얼마나 살아요?"

"태어난 지 200일이 지나면서부터 들락날락하다가 8~10개월이 되면 주머니 밖으로 완전히 나온단다."

"그때부터 혼자 사나요?"

"아니야. 완전히 독립하기 전까지는 엄마 곁에 늘 붙어 다니면서 혼자 살아가는 데 필요한 기술을 배운단다."

"와! 어른이 되기 전까지 부모와 함께 사는 것이 사람하고 비슷하네요. 그럼 캥거루는 새끼를 한 마리만 낳아서 다 자랄 때까지 돌봐 주겠네요?"

"아니란다. 보통은 새끼가 젖을 완전히 떼야 다른 새끼를 낳아 기르지만 캥거루는 새끼가 조금만 자라면 또다시 낳아 기를 수가 있어. 갓 태어난 새끼는 몸길이가 1.5 cm이고, 몸무게는 1 g밖에 되지 않아. 갓 태어난 생쥐만 할걸.

꼬물꼬물 기어서 엄마 주머니 속으로 들어간단다. 주머니 속에서 새끼는 단백질이 풍부한 젖을 먹고 무럭무럭 자라지. 그런데 풀을 먹다가 돌아온 형도 그 옆에서 젖을 먹어. 형이 먹는 젖은 지방이 풍부한 젖이야. 활동하려면 지방이 많이 필요하기 때문이지."

"캥거루의 젖은 두 종류라는 말씀이세요?"

"그렇지. 사람도 4개월 이후부터 조금씩 이유식을 하다가 4~5살이 되면 완전히 음식만으로 영양분을 얻듯이 동물에게도 시기마다 필요한 영양분이 다르거든."

사람만 똑똑한 게 아니었어요.

"캥거루 말고 주머니를 가진 동물이 또 있나요?"

"물속에 사는 조그마한 해마가 캥거루처럼 몸 안에 알을 넣고 다니지. 엄마 해마가 아니라 아빠 해마가 말이야. 그 밖에 주머니를 가진 동물들은 모두 캥거루의 종류라고 보지. 캥거루쥐, 나무오름캥거루, 왈라루, 왈라비, 그리고 코알라까지."

"주머니가 있는 동물은 모두 캥거루의 종류라고요? 코알라도 캥거루의 종류라니 좀 의외예요."

"코알라는 새끼가 태어나면 6개월 동안은 주머니에서 키우다가 6개월이 지나면 업고 다녀."

"하하하! 캥거루 아빠에 이어 코알라 아빠까지?"

"응? 그게 무슨 소리니?"

"이것 좀 보세요."

앨범에는 소미가 아빠 등에 업혀 있는 사진이 있었거든요. 소미는 조금 전 사진보다 훨씬 커 있었지요.

"완전 코알라구나! 그러니까 아빠가 널 안고 다니다가 나중엔 업고 다녔다는 거네."

"정말 재미있어요."

"아니, 그런데 도대체 너희 엄만 그동안 뭘 했다냐? 여보! 이리 와서 사진 좀 보라고. 당신이 나한테 얼마나 고약하게 굴었는지 말이야."

"킥킥."

소미는 소리 죽여 웃었습니다.

더 알고싶어요!

Q 두 발로 다니는 캥거루

　네발을 가진 동물 중에 두 발로 달리는 동물은 캥거루뿐이지요. 캥거루는 한 시간에 25 km 정도를 뛸 만큼 빨라요. 캥거루는 짧은 앞발 때문에 걷는 게 서툴러요. 오히려 뛰는 게 더 편하지요.

　암컷의 육아 주머니에는 반원 모양으로 생긴 근육이 붙어 있는데, 이 근육을 어미가 마음대로 조절해서 열고 닫을 수 있어요. 캥거루는 암컷에 비해 수컷이 훨씬 덩치가 큽니다. 15살 된 암수를 비교해 보면 수컷이 암컷보다 몸무게가 2~3배 많이 나가지요. 15살이 되면 암컷은 더 이상 자라지 않지만, 수컷은 일생 동안 계속 자라고 힘도 세집니다.

　캥거루는 무리를 이루어 살기는 하지만, 서로 협력하거나 역할을 나누지는 않아요. 다만 무리에서 제일 힘센 수컷이 대장이 되고, 나머지 수컷들은 대장에게 복종하며 살지요. 어미는 새끼가 다 자라서 독립하기 전까지 이 무리에서 나와 새끼와 함께 지내요.

　성인이 되었는데도 독립하지 못하고 부모에게 의지하는 사람들을 '캥거루 족'이라고 해요. 다 자라도 스스로 독립할 의지가 없는 자녀들을 어미 곁에 남아 보호를 받는 캥거루에 빗대어 이르는 말이에요.

Q 유대류란 무엇인가요?

새끼를 낳고 젖을 먹이는 동물들을 포유류라고 해요. 대부분 새끼들은 어미의 몸에서 충분히 자란 다음에 태어나지요. 그러나 다 자라지 않은 상태로 태어나는 포유류가 있어요. 이들은 어느 정도 자랄 때까지 어미 몸에 있는 주머니에서 자라지요. 이런 포유류를 '유대류'라고 해요. 오스트레일리아에는 주머니가 있는 유대류 캥거루가 59종류나 살고 있습니다.

Q 아빠 캥거루도 주머니가 있나요?

캥거루의 주머니는 아기가 자랄 때까지 아기에게 안전한 보호 구역이 되지요. 캥거루에게 새끼를 돌보는 건 어미의 일이에요. 새끼를 낳지도 돌보지도 않는 아빠 캥거루에게 주머니가 무슨 소용이 있겠어요? 그래서 주머니는 엄마 캥거루만 갖습니다.

집 짓기
뛰어난 건축가들

"달팽이집을 지읍시다. 어여쁘게 지읍시다. 점점 높게, 점점 높게……."

"혜지가 노래를 잘하는데."

흥얼거리며 그림을 그리고 있는 혜지를 보고 아빠가 빙그레 웃었어요.

"히히. 제가 노래는 좀 하거든요. 아빠가 모형 집을 만드는 걸 보니까 저도 모르게 이 노래가 나오는 거 있죠?"

혜지 아빠는 건축 설계사입니다. 설계 도면에 꼼꼼히 그림을 그리고, 실제 집과 크기만 다른 모형 집을 만들어요. 가끔 오늘처럼 집에서 모형 집을 만들기도 하지요.

"아빠, 저 달팽이집은 어떻게 생겼는지 보고 싶어요."

"그래? 이미 보지 않았니?"

"아니오! 못 봤는걸요?"

혜지가 손을 휘휘 내저었어요.

"달팽이는 등에 짊어지고 있는 게 바로 바로 자신의 집이란다. 잠잘 때나 위험할 때, 쉬고 싶을 땐 언제든지 집으로 쏙 들어갈 수 있지."

아빠가 모형 집에 울타리를 두르며 말했지요.

"그러니까 따로 집을 짓지 않는다는 거네요."

"그렇지."

"하긴 동물들이 집을 짓는다는 게 말이 안 되긴 해요."

혜지가 커다란 달팽이의 등 껍데기에 칠할 크레파스를 고르며 말했어요.

"무슨 말씀. 동물들 중에도 아빠 못지않은 뛰어난 건축가들이 한둘이 아닌데."

아빠가 울타리 치기를 잠시 멈추었어요. 혜지도 노란 크레파스로 색칠을 하려다 말고 아빠를 보았지요.

"비버만 해도 그래. 강이나 개울에 기가 막히게 멋진 오두막을 짓고 살지."

"오두막이라고요? 비버가요? 집 짓는 재료는 어디에서 구하고요?"

아빠가 모형 집을 살짝 밀치더니 탁자 위에 걸터앉았어요.

"이빨로 나무를 갉아서 자르거나 다듬지. 모래와 자갈, 진흙도 필요한데 이것들도 모두 입이나 손으로 모은단다. 나뭇가지들 사이를 진흙으로 발라서 집이 무너져 내리지 않게 하고 말이야."

"와, 정말 아빠처럼 훌륭한 건축가네요!"

"계획부터 완성까지 모두 비버가 알아서 하니까 어떻게 보면 설계도를 그리고 모형만 만드는 아빠보다도 훨씬 뛰어나다고 할 수 있지."

아빠는 울타리 치던 작은 나뭇가지를 손에 들고 살짝 흔들어 보였어요.

"비버는 왜 강에다 집을 짓고 살아요?"

혜지는 달팽이를 이리저리 돌려보다가 고개를 갸웃했어요. 집을 짓는 비버를 그리고 싶어졌거든요.

"비버는 헤엄을 아주 잘 쳐. 물속에 살면 야생 동물을 피해 자기 자신은 물론이고 새끼를 보호할 수 있기 때문이지. 비버가 집 짓는 데 많은 시간을 들이는 것도 안전을 위해서니까."

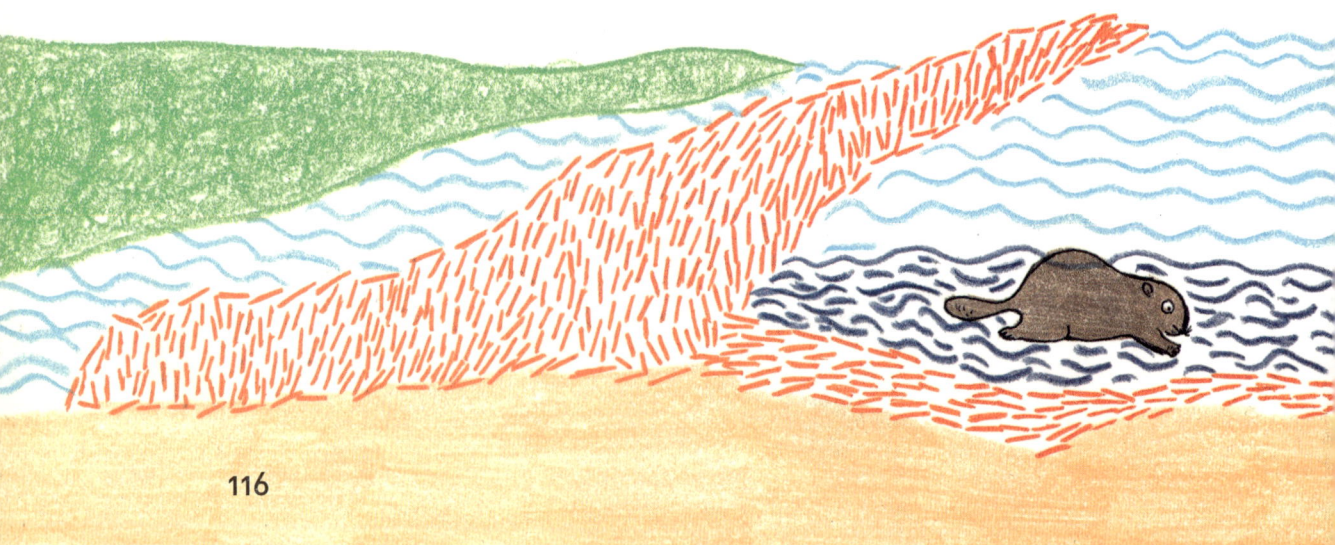

"하지만 집 안에 들어가 버리면 먹이 구하기가 쉽지 않잖아요?"
"비버는 나무 껍질이나 새싹을 먹고 사는데, 집 주위가 온통 나무 투성이라서 그건 걱정하지 않아도 돼. 게다가 흙으로 덮은 입구에서 가끔 싹이 나기도 하고. 자, 이제 아빠는 모형 집을 완성해야겠구나."
"사람들이 비버처럼 집을 짓지 않아도 되는 건 다 아빠 덕택이군요."
"그런가?"
아빠가 혜지를 향해 웃었어요.

더 알고싶어요!

Q 독특한 집을 가진 동물들

뿔논병아리는 갈대 숲의 은밀한 곳에 부지런히 수초를 물어다가 둥지를 틀어요. 이런 둥지에서 알을 품으면 안전하겠지요? 힐러딱따구리는 선인장에 구멍을 뚫어 둥지를 만들어요. 오랑우탄은 나뭇가지를 골라낸 나무 위에 집을 짓지요. 집을 짓는 데 겨우 5분밖에 걸리지 않아요. 흰개미들이 버섯 같은 집을 짓는 데 무려 10년에서 50년이나 걸리는 것과 비교되지요?

프레리도그는 나무가 별로 없는 초원에 굴을 파기 때문에 나무가 많은 숲 속보다는 집 짓기가 쉬워요. 하지만 조그마한 프레리도그에게는 이것도 굉장히 힘든 일입니다. 그래서 집을 짓는 데 수십 년이 걸리기도 해요. 한 번 지은 집은 조금씩 고쳐 가면서 아주 오랫동안 사용합니다.

두더지는 축축한 곳에 집을 지어요. 그래야 벌레들이 많아서 먹을거리가 풍부하기 때문이지요. 두더지는 굴 속에 창고를 만들어 먹이를 산 채로 보관하지요. 두더지는 한 번 집을 지으면 다음 세대에 물려주며 사용합니다. 사람이나 다른 동물들이 망가뜨리지만 않는다면요.

Q 거미줄을 짜는 새가 있다고요?

　남아메리카에 사는 작은 벌새는 거미줄을 짤 줄 알지요. 하지만 거미처럼 진짜 꽁무니에서 줄을 뽑아내는 건 아닙니다. 거미줄과 이끼를 이용해서 아주 섬세한 둥지를 만든다는 것이지요. 이끼와 솜, 털 등을 거미줄을 이용해 천처럼 짜서 만들거든요. 이 둥지는 아주 약해 보이지만 절대로 떨어지지 않습니다.

Q 개미가 탑을 쌓는다고요?

　대부분의 개미가 땅속에 집을 짓지만, 땅 위에 집을 짓기도 하지요. 오스트레일리아 사막에 무리 지어 사는 흰개미는 배설물과 모래흙을 섞어 탑처럼 높다란 집을 지어요. 그 높이가 무려 3미터가 넘는다고 해요. 그 안에는 수많은 길과 방이 있지요. 가까이 다가가면 작은 구멍들이 군데군데 있어서 개미집이라는 걸 알 수 있어요.

Q 스펀지가 살아 있는 동물이었다고요?

　스펀지는 영어로 '해면동물'이라는 뜻이에요. 해면은 바다 생물이고 그 자체가 하나의 집이기도 해요. 살아 있을 때에는 그 안에 작은 세포들이 늘어서 있지요. 어떤 세포는 물의 흐름을 조절하고, 또 다른 세포들은 흐르는 먹이를 움켜잡아요. 이 해면을 모아다가 햇볕에 잘 말린 게 우리가 쓰는 스펀지의 시작이었어요. 요즘에는 고무 등으로 해면 모양을 본떠 만든 스펀지가 대부분입니다.

세계 최고의 동물

최고 동물은 누구? 동물 퀴즈

질문 1 가장 시끄러운 소리를 내는 동물은 누구일까요?
답 짖는원숭이입니다.

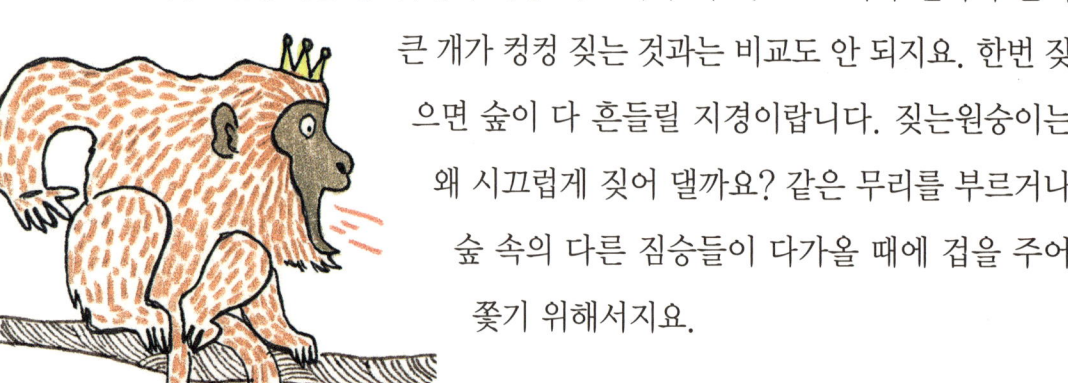

짖는원숭이는 땅 위에서 가장 목소리가 커요. 그 소리가 얼마나 큰지 큰 개가 컹컹 짖는 것과는 비교도 안 되지요. 한번 짖으면 숲이 다 흔들릴 지경이랍니다. 짖는원숭이는 왜 시끄럽게 짖어 댈까요? 같은 무리를 부르거나 숲 속의 다른 짐승들이 다가올 때에 겁을 주어 쫓기 위해서지요.

질문 2 가장 빨리 달리는 동물은 누구일까요?

답 치타입니다.

치타는 시속 120 km로 달립니다. 웬만큼 빨리 달리는 자동차보다도 빠르지요. 단, 짧은 거리에서만 이렇게 빨리 달릴 수 있어요. 조금만 오래 달리면 숨이 차서 지쳐 버려요. 그래서 먹잇감이 나타나면 초식 동물들이 눈치채지 못하게 살금살금 최대한 가까이 다가가요. 치타가 사냥감을 쫓아가서 잡는 데 걸리는 시간은 1분도 되지 않습니다.

치타보다 달리기가 느린 초식 동물은 치타를 따돌리기 위해 달리면서 갑자기 방향을 바꾸곤 해요. 그러면 치타라도 놓치는 경우가 많아요. 속도가 너무 빠른 데다가 몸집까지 큰 치타가 갑자기 방향을 바꾸기란 어렵기 때문이에요.

질문 3 가장 느린 동물은 누구일까요?
답 나무늘보입니다.

나무늘보와 달팽이가 경주를 하면 어떻게 될까요? 둘 다 느림보라 결과는 아무도 예측할 수가 없다고요? 아마 달팽이가 이기지 않을까요? 시간당 빠르기만 비교하면 나무늘보가 달팽이보다 훨씬 빠릅니다. 하지만 달팽이의 몸길이가 1~2 cm밖에 안 되고, 다리가 없다는 점을 생각해 보면 그렇게 느린 편이 아니라고 하네요.

질문 4 가장 새끼를 많이 낳는 동물은 누구일까요?
답 마다가스카르에 사는 텐렉입니다.

텐렉은 흰개미와 같은 작은 벌레를 잡아먹고 사는 식충 동물이에요. 고슴도치처럼 털이 삐죽삐죽 서 있어요. 얼굴은 뾰족하고 입이 아주 커요. 텐렉 중에 어떤 종은 32마리의 새끼를 낳아요. 어떤 포유 동물도 텐렉만큼 새끼를 많이 낳지는 않아요. 몸집이 겨우 생쥐만 한데 말이에요.

질문 5 가장 작은 포유 동물은 누구일까요?

답 호박벌박쥐입니다.

크기가 정말 호박벌만 합니다. 몸길이가 2.5 cm거든요. 이에 반해 날개는 14 cm나 되지요. 가장 큰 박쥐는 열대 지방에 사는 날여우박쥐로 날개를 편 길이가 2 m, 몸무게가 1 kg이나 나갑니다.

질문 6 가장 추위를 잘 견디는 동물은 누구일까요?

답 가시곰벌레입니다.

가시곰벌레의 얼굴은 자세히 보면 곰을 닮았어요. 그래서 가시곰벌레라고 부르지요. 1.5 mm 크기의 이 작은 동물은 영하 260도에서 얼려도 죽지 않고 다시 살아납니다. 더위 역시 잘 견뎌서 물이 펄펄 끓는 온도에서도 몇 분 동안 죽지 않고 살 수 있다고 해요. 더 놀라운 건 바짝 말라서 건조한 상태로 100년 넘게 죽지 않고 있다가 물을 만나서 다시 살아난 경우도 있었다는 거예요.

초등 과학 교과 연계표

번호	키워드	주제	과학 교과
1	보호색	노란 비옷을 입으라고요? 육식 동물도 보호색을? 경계색을 가진 동물은? 토끼는 왜 몸 색깔을 바꿀까요? 보호색이 없는 동물은 쉽게 잡아먹히겠네요?	6학년 1학기 4. 생태계와 환경
2	먹이 연쇄	늑대가 사라진 언덕 먹이 연쇄 먹이 그물 늑대를 잡아먹는 동물도 있나요? 한 가지 먹이만 먹는 동물도 있나요?	6학년 1학기 4. 생태계와 환경
3	짝짓기	수컷 견장박쥐 치치 짝짓기 철이 되면 바빠지는 수컷들 암컷 견장박쥐가 치치를 선택한 이유 페로몬이 무엇인가요? 냄새도 짝짓기에 이용되나요?	3학년 1학기 3. 동물의 한살이
4	겨울잠	겨울잠을 자지 않는 곰 겨울잠에도 에너지가 필요해요 새도 겨울잠을 자나요? 여름잠을 자는 동물들	3학년 1학기 3. 동물의 한살이
5	진화	기린의 목은 왜 길까요? 핀치새의 부리는 환경에 따라 달라요 환경에 따라 진화하는 동물들 코끼리는 많이 먹어서 뚱뚱해졌나요? 다리와 몸통의 온도가 다른 동물도 있나요?	3학년 1학기 3. 동물의 한살이 6학년 1학기 4. 생태계와 환경
6	퇴화	할머니 안경은 돋보기 안경 고래가 물을 뿜는 게 아니라고요? 암컷을 만나면 퇴화하는 동물도 있다고요? 타조는 왜 모래 속에 머리를 숨길까요?	3학년 1학기 3. 동물의 한살이 6학년 1학기 4. 생태계와 환경

번호	키워드	주제	과학 교과
7	사회성	어울려 살아요 다른 동물과도 잘 지내는 프레리도그 무리를 이루는 많은 동물들 경고음을 내는 역할은 주로 누가 맡나요?	6학년 1학기　4. 생태계와 환경
8	공생 관계	함께 또 같이 돕고 사는 공생, 한쪽만 좋은 기생 바다제비와 왕도마뱀이 한 집에서 산다고요?	6학년 1학기　4. 생태계와 환경
9	의사소통	우리만의 비밀 동물들의 가지가지 의사소통 화가 나면 침을 뱉는 동물도 있다고요? 초저주파란 무엇인가요?	6학년 1학기　4. 생태계와 환경
10	체온	왜 개는 혀를 쑥 빼고 있을까? 정온 동물 변온 동물 개는 정말 땀샘이 없나요? 땀샘이 없는 동물은 어떻게 열을 식히나요?	3학년 2학기　2. 동물의 세계
11	극지방에 사는 동물	어떻게 추위를 견디지? 극지방에도 동물이 사나요? 나그네쥐는 왜 절벽에서 뛰어내리나요? 옛날 사람들은 펭귄을 새와 물고기의 잡종이라고 생각했다고요?	3학년 2학기　2. 동물의 세계 5학년 1학기　4. 작은 생물의 세계 6학년 1학기　4. 생태계와 환경
12	사막에 사는 동물	네가 여우니? 사막에서도 잘 견뎌요 사막에는 파충류가 많이 산다고요? 물이 부족한 사막에도 먹이 연쇄가 있나요?	5학년 1학기　4. 작은 생물의 세계 6학년 1학기　4. 생태계와 환경

번호	키워드	주제	과학 교과
13	멸종 동물	동물들을 보호해요 사람이 무서워요 멸종 위기에 처한 판다는 어떤 동물인가요? 사람을 구한 돌고래도 있다고요?	6학년 1학기 4. 생태계와 환경
14	도구를 사용하는 동물	영리한 침팬지 화가가 된 정자새 사람을 이용해 먹이를 먹는 새 미끼를 던져 낚시하는 새도 있다고요? 배우고 연습하면 더 잘해요	6학년 1학기 4. 생태계와 환경
15	야행성 동물	낮이 더 무서워 사냥하기에는 밤이 더 좋아요 올빼미는 어떻게 밤에 사냥하나요? 박쥐는 어두운 동굴에서 어떻게 사냥하나요?	3학년 2학기 2. 동물의 세계 6학년 1학기 4. 생태계와 환경
16	꾀 많은 동물	여우처럼 꾀, 살아가기 위한 자신만의 몸짓 진짜 놀라서 까무러치는 동물도 있다고요? 둥지에 적이 나타나면 어미 새들은 어떻게 하나요?	6학년 1학기 4. 생태계와 환경
17	독특한 생김새	뭐? 너도 알을 낳는다고? 아무리 봐도 독특한 오리너구리 단단한 공처럼 변하는 동물 공중을 나는 물고기	3학년 1학기 3. 동물의 한살이 3학년 2학기 2. 동물의 세계
18	새끼 돌보기	아빠는 캥거루 두 발로 다니는 캥거루 유대류란 무엇인가요? 아빠 캥거루도 주머니가 있나요?	3학년 1학기 3. 동물의 한살이 3학년 2학기 2. 동물의 세계

번호	키워드	주제	과학 교과
19	집 짓기	뛰어난 건축가들 독특한 집을 가진 동물들 거미줄을 짜는 새가 있다고요? 개미가 탑을 쌓는다고요? 스펀지가 살아 있는 동물이었다고요?	3학년 1학기 3. 동물의 한살이 3학년 2학기 2. 동물의 세계
20	세계 최고의 동물	최고 동물은 누구? 동물 퀴즈 가장 시끄러운 소리를 내는 동물은 누구일까요? 가장 빨리 달리는 동물은 누구일까요? 가장 느린 동물은 누구일까요? 가장 새끼를 많이 낳는 동물은 누구일까요? 가장 작은 포유 동물은 누구일까요? 가장 추위를 잘 견디는 동물은 누구일까요?	3학년 1학기 3. 동물의 한살이 6학년 1학기 4. 생태계와 환경

127